| 内蒙古自治区中俄蒙合作研究院

中蒙俄经济走廊

框架内交通基础设施建设研究报告

乌日丽格 毛艳丽 刘兴波 等 著

中国发展出版社
CHINA DEVELOPMENT PRESS

图书在版编目（CIP）数据

中蒙俄经济走廊框架内交通基础设施建设研究报告 / 乌日丽格等著. —北京：中国发展出版社，2022.3

ISBN 978-7-5177-1109-4

Ⅰ.①中… Ⅱ.①乌… Ⅲ.①交通运输建设—基础设施建设—国际合作—经济合作—研究报告—中国、蒙古、俄罗斯 Ⅳ.①F512.3 ②F513.113 ③F515.123

中国版本图书馆CIP数据核字（2020）第001641号

书　　名：中蒙俄经济走廊框架内交通基础设施建设研究报告
著作责任者：乌日丽格　毛艳丽　刘兴波　等
出版发行：中国发展出版社
联系地址：北京经济技术开发区荣华中路22号亦城财富中心1号楼8层（100176）
标准书号：ISBN 978-7-5177-1109-4
经 销 者：各地新华书店
印 刷 者：北京市密东印刷有限公司
开　　本：787mm×1092mm　1/16
印　　张：10.75
字　　数：176千字
版　　次：2022年3月第1版
印　　次：2022年3月第1次印刷
定　　价：58.00元

联系电话：（010）68990630　68990692
购书热线：（010）68990682　68990686
网络订购：http://zgfzcbs. tmall. com
网购电话：（010）88333349　68990639
本社网址：http://www.develpress. com
电子邮件：370118561@qq. com

《中蒙俄经济走廊框架内交通基础设施建设研究报告》编委会

本书作者简介
（按英文字母顺序排序）

中　方

刘兴波　内蒙古自治区中俄蒙合作研究院院长、研究员、博士

毛艳丽　内蒙古自治区中俄蒙合作研究院副研究员、博士

乌日丽格　内蒙古自治区中俄蒙合作研究院助理研究员、博士

蒙　方

A. 达瓦苏荣　蒙古国科学院国际关系研究院教授、博士

B. 达瓦苏荣　蒙古国乌兰巴托额尔德木大学副校长、博士

H. 宝力格　蒙古国交通发展部项目管理部工作人员

T. 道尔吉　蒙古国科学院院士

俄　方

A. B. 萨马鲁哈　斯贝加尔国立自然、经济、法律大学区域研究所研究员

B. И. 萨马鲁哈　斯贝加尔国立自然、经济、法律大学区域研究所所长、教授

T. Г. 奥泽尔尼科娃　斯贝加尔国立自然、经济、法律大学教务长

翻　译

李　洋　内蒙古自治区中俄蒙合作研究院副研究员

毛永芝　内蒙古自治区广播电视台蒙古语卫视频道助理研究员

汪士钦　内蒙古自治区中俄蒙合作研究院助理研究员

王志军　内蒙古农业大学助理研究员、博士

乌日丽格　内蒙古自治区中俄蒙合作研究院助理研究员、博士

前 言

设施联通是“一带一路”国际合作的优先领域。为落实《建设中蒙俄经济走廊规划纲要》，推进交通基础设施建设，为构建内蒙古全方位向北开放新格局奠定重要基础。针对中蒙俄交通基础设施的现状与需求，内蒙古自治区中俄蒙合作研究院组织中蒙俄三国智库及专家，共同就《建设中蒙俄经济走廊规划纲要》范围内的交通基础设施建设开展研究。贯穿中蒙俄的唯一铁路：乌兰察布—二连浩特—扎门乌德—乌兰巴托—苏赫巴托尔—纳乌什基—乌兰乌德线路是连接欧亚最便捷的通道。而亚洲公路网AH3线（二连浩特—扎门乌德—乌兰巴托—苏赫巴托尔—纳乌什基—乌兰乌德）公路几乎与该铁路并行。现有的道路虽然在运行，但作为中蒙俄三国互联互通的主轴路线，由于使用时间较久，老化比较严重、运输能力有限，已无法满足发展所需。因此，对该路段铺建新铁路、公路，修缮现有铁路或者建设双轨铁路等方面进行可行性研究具有重要意义。

《中蒙俄经济走廊框架内交通基础设施建设研究报告》是中蒙俄三方专家共同完成的研究成果。本报告通过研究中蒙俄经济走廊交通基础设施建设的基础条件、发展愿景，提出在中蒙俄经济走廊框架内最为适宜建设“乌兰察布—乌兰巴托—乌兰乌德”铁路，即铁路中央通道。本报告就建设“扎门乌德—乌兰巴托—乌兰乌德”铁路复线，对合作建设高速公路——亚洲公路网AH3线项目，解决中蒙口岸不畅通问题，共建中蒙俄经济走廊东线通道等进行分析并提出建议，为实现三国基础设施互联互通提供了理论支持，对蒙古国、俄罗斯的交通运输政策、现状，西伯利亚地区交通基础设施发展、运营主体等内容进行了全面细致的描述。这些研究对推进中蒙俄经济走廊基础设施建设具有重要的参考价值，为今后中蒙俄三国政府制定相关合作发展政策提供参考，也为三国交通、物流部门提供决策依据，同时还是三国相关研究人员的必备参考书。

本报告由七章组成，每章都是相对独立的专题。分别为：第一章引言；第二章中蒙俄交通基础设施建设的基础条件；第三章建设中蒙俄交通运输基础设施国际通道的政治与经济环境、潜力；第四章蒙古国交通运输中央通道发展现状与愿景；第五章俄罗斯远东与西伯利亚地区交通运输发展现状与愿景；第六章《建设中蒙俄经济走廊规划纲要》框架内建设铁路东线通道的可行性研究；第七章结论与展望。

由于编者、译者水平所限，本书疏漏之处，敬请批评指正。本书在写作过程中，得到相关领导的指导和帮助，借此机会，谨致谢忱。

编　者

2020年2月

目　录

第一章

引　言

第一节　研究背景

“一带一路”倡议引领世界各国以“共商”“共建”“共享”为总体原则，以发挥各自优势、合作互补为主体思想。“一带一路”倡议含六条经济走廊。“一带一路”倡议为六条经济走廊经过地区的基础设施建设、贸易、农畜产品加工、文化、旅游以及能矿合作、投资等领域带来前所未有的发展机遇。

建设中蒙俄经济走廊，可以充分利用三国地理位置、矿产资源、投资环境、劳动力、科学技术等方面的优势，取长补短，开创互惠互利、合作共赢新局面。

2016 年 6 月 23~24 日，在乌兹别克斯坦首都塔什干市举行的中华人民共和国、俄罗斯和蒙古国三国首脑会晤中，三国相关政府部门签署了《建设中蒙俄经济走廊规划纲要》（以下简称《规划纲要》）。这是“一带一路”倡议下启动实施的第一个多边合作规划纲要，也是三方合作发展的重要里程碑。发展连接中蒙俄的交通运输基础设施是《规划纲要》中的重要内容之一。《规划纲要》中确立的 32 项具体规划，包括交通基础设施发展及互联互通、口岸建设和海关、产能与投资合作、经贸合作、人文交流合作、生态环保合作、地方及边境地区合作等七大方面。其中，交通运输基础设施建设占 13 项。可以说，推进中蒙俄跨境基础设施的互联互通是契合三方发展战略需求、为三国合作带来深远意义的系统工程。《规划纲要》中的一个重要方向是“二连浩特—扎门乌德—乌兰巴托—苏赫巴托尔—纳乌什基—乌兰乌德”的铁路中央走廊。这也是本书的主要内容。与此同时，我们发现了建设铁路东线通道的可行性，在第六章具体阐述。我们在报告中提供了与跨越三国的铁路中央走廊相关的基础设施项目，即“塔温陶勒盖—嘎顺苏海图”“宗巴彦—杭吉”，以及被称为北部走廊的“额尔登特—敖包图—阿尔查苏日—克孜勒”铁路建设方面的简要信息。在此，我们具体研究蒙古国“东方省—西伯利亚”铁路现状、能力与未来的发展规划、方向。但在俄罗斯方面，关于“伊尔库茨克—乌兰乌德—纳乌什基”的铁路运输，“伊尔库茨克—乌兰乌德—恰克图”的公路运输方面的大部分资料属于俄罗斯国家机密，我们没能找到研究所需要的重要数据资料。

本书的另一个特点是：建设亚洲高速公路网 AH3 线项目，即“阿拉坦布拉格—乌兰巴托—扎门乌德”的高速公路项目。在国际性公开招标中，“成吉思汗土地开发集团——新发展之路”公司在2014年3月16日与蒙古国经济发展部签订了特许协议，并对该路段进行了可行性研究。但由于该公司的投融资状况不确定，政府决定终止该标的。

第二节 中蒙俄交通基础设施建设的重要意义

一、建设中蒙俄经济走廊的重要前提

丝绸之路首先得要有路，有路才能人畅其行、物畅其流。设施联通是合作发展的基础，也是“一带一路”建设的重要内容和优先领域。从地理方位来看，中蒙俄三国地处欧亚大陆的广阔地带，是永恒的邻国。2015年3月，国家发展和改革委员会、外交部、商务部联合发布《推动共建丝绸之路经济带和21世纪海上丝绸之路的愿景与行动》明确提出，基础设施互联互通是“一带一路”建设的优先领域。推进中蒙、中俄跨境基础设施建设，不仅是基础设施互联互通的重要内容，也是建设中蒙俄经济走廊的重要保障。完善的基础设施是深化中蒙俄经贸合作与人文交流的基础保障。

中蒙俄地域相邻，合作基础牢固，发展战略高度契合，尤其是近年来，中蒙、中俄贸易额大幅增长，我国已连续多年成为蒙古国和俄罗斯的第一大贸易伙伴国。但是三国跨境基础设施的互联互通尚未实现便利化，已成为制约中蒙、中俄深化合作的重要瓶颈。

二、中蒙俄三国经济发展战略对接的具体举措

蒙古国和俄罗斯先后制定了以发展基础设施为重点的发展规划，均把加强基础设施建设作为重中之重。2014 年，蒙古国时任总统查希亚·额勒贝格道尔吉在参加亚太经合组织（APEC）领导人非正式会议期间表示，蒙古国可以利用地理位置优势，不仅为中俄两国贸易运输提供便利，而且期望与中、俄合作，在蒙古国建立横跨欧亚运输走廊，积极寻求参与地区物流网络建设。建设“丝绸之路经济带”最主要的前提条件是基础设施建设领域合作，蒙古国将为加入地区基础设施网络、抵达海口、过境运输创造有利条件而积极努力，希望成为连接欧亚、中亚和东亚的内陆桥梁。蒙古国于 2014 年提出的“草原之路”规划，涵盖铁路、高速公路、油气、天然气及电气等领域，计划投资 500 亿美元。2017 年 5 月，蒙古国政府重新调整发展规划，由原来的“草原之路”调整为“发展之路”。“草原之路”着重公路、铁路基础设施建设，而“发展之路”倡议拓展到能源、矿床开发、通信、工业、旅游等领域，以同邻国在基础设施方面的互联互通与贸易便利化、节省货运成本为目标。

2013 年 7 月，俄罗斯推出扩大基础设施投资新政策，计划从国家福利基金中划拨 4500 亿卢布（约 140 亿美元），用于投资公路、铁路等基础设施建设项目；2014 年，再次强调，必须确保俄罗斯基础设施建设领域的资金需求，尤其是能源、电力、通信等领域；同年 2 月，表示愿意将跨欧亚铁路项目与“一带一路”倡议对接。同时，基础设施是俄罗斯实施远东开发战略的前提，2014 年俄罗斯远东地区经济总量占比不到全国的 5%。2015 年 3 月，俄罗斯宣布加入亚洲基础设施投资银行，希望通过亚洲基础设施投资银行助推俄罗斯实施远东开发战略。

因此，中蒙俄经济走廊框架内的基础设施互联互通是三国战略对接的具体举措。

三、深化中蒙俄合作的重要保障

交通基础设施的互联互通是制约中蒙俄深化合作的薄弱环节，是制约三国资源开发、经贸往来和人文交流的瓶颈。在中蒙俄三国的合作中，从目前来看，交通基础设施不够完善是制约战略对接的主要因素之一。蒙古国现有的铁路通车里程仅1810千米，运输设备存在老化、年久失修等问题。与口岸临近的道路，大多为自然路，运输效率低。俄罗斯与我国内蒙古自治区相邻的远东地区的生产技术不配套、基础设施比较薄弱，向市场经济转轨后，持续多年的经济危机使远东地区的基础设施更加落后、设备老化、技术落后等问题更加严重，不仅远东地区的铁路、公路运输能力低，港口的吞吐量也很小，严重制约远东地区与中国东北地区的经贸合作发展。中国华北和东北地区铁路干线少、密度小，公路网络相对于铁路网络而言密度较高，但与其他地区相比，仍然存在一定的差距。公路总量不足，农村公路通达深度不够，等级偏低，影响城乡同步发展；干线公路技术等级和服务水平不高；沿海港口总体能力不足，结构性矛盾突出，功能单一，集疏运体系不完善。内蒙古自治区进一步扩大对外开放，实现经济高质量发展与东北老工业基地的振兴，发展对外贸易，参与东北亚区域经济合作，必将产生大量的交通运输需求，要求公路、水路交通继续加快基础设施建设，提高整体运输能力。东北亚地区经济一体化的发展趋势也要求建立高效的一体化交通体系。

四、释放中蒙俄合作潜力的重要渠道

跨境基础设施互联互通可以通过乘数效应直接拉动相邻国家经济的整体增长，降低国家间的贸易和投资成本，在促进贸易创造与投资创造的同时，增强与其他国家和区域的贸易联系，吸引投资，促进相邻国家间要素流动和资源优化配置、产业结构调整以及区内各国比较优势的增强。以中俄原油管道为例，2011年俄罗斯“东西伯利亚—太平洋”石油管道中国支线即中俄原油管道已正式投入商业运营，预计在20年合同期内向中国供油3亿吨。根据《中俄东线天然气合作项目备忘录》和《中俄东线供气购销合同》，来自俄罗斯东西伯利亚和远东地区的天然气于2018年通过东线管道输送至中国东北地区，供气量最高每年达380亿立方米，合同期为30年。2017年11月，中俄原油管道二线工程全线贯通，2018年1月1日正式投入商业运营。这对于填补我国东北地区石油资源供应缺口、优化国内油品供输格局、进一步保障国家能源供应安全具有十分重大的意义。2018年10月16日，中俄东线天然气管道工程全线贯通，使中国东北及京津冀地区成为直接受益方。由于蒙古国矿产资源丰富，采矿业一直是蒙古国的支柱性产业，交通运输的畅通直接关系蒙古国的经济可持续发展。为确保资源运输通道的畅通和便利，蒙古国一直寻求便于矿产向海外输出的出海口，因此，不论在“草原之路”还是在“发展之路”倡议中，都将交通基础设施建设放在重要位置。随着中蒙、中俄跨境基础设施的完善，贸易、金融、文化等领域的相关潜力将会被逐步激发，为中蒙俄发挥各自比较优势、释放合作潜能提供有效途径。

第二章

中蒙俄交通基础设施建设的基础条件

第一节 地理位置

一、中国

中国位于亚洲东部、太平洋西岸，领土辽阔，陆地总面积约960万平方千米，陆地边境线全长2.2万多千米，与朝鲜、俄罗斯、蒙古国、哈萨克斯坦、吉尔吉斯斯坦、塔吉克斯坦、阿富汗、巴基斯坦、印度、尼泊尔、不丹、缅甸、老挝、越南等14个国家接壤，与韩国、日本、菲律宾、马来西亚、印度尼西亚、文莱等6个国家隔海相望。

二、蒙古国

蒙古国深居欧亚大陆腹地，东、南、西与中国接壤，北与俄罗斯相邻，国土面积156.65万平方千米，是仅次于哈萨克斯坦的世界第二大内陆国家，国土面积大部分地区为山地或高原，平均海拔1580米；行政区划分为1个直辖市（首都）和21个省。

三、俄罗斯

俄罗斯联邦位于欧亚大陆北部，地跨欧亚两大洲，国土面积为1707.54万平方千米，是由22个自治共和国、46个州、9个边疆区、4个自治区、1个自治州、3个联邦直辖市组成的联邦共和立宪制国家。

中蒙边境线全长4709.658千米，自西向东蒙古国分别与新疆维吾尔自治区、甘肃省和内蒙古自治区接壤。中蒙沿边境线共设有15对边境口岸，其中内蒙古自治区对蒙古国开放的边境口岸有10个，新疆维吾尔自治区对蒙古国开放的边境口岸有4个，甘肃省对蒙古国开放的边境口岸有1个（暂时关闭）。

中俄两国边境线全长4300多千米，沿边境线共设有21对边境口岸，其中黑龙江省对俄边境口岸15个，内蒙古自治区对俄边境口岸4个，吉林省对俄边境口岸2个。

在中国口岸中，满洲里和二连浩特是中国连接俄蒙两国最大的陆路口岸，分别以满洲里、二连浩特为重要节点的两座欧亚大陆桥成为我国通往欧洲最便捷的运输通道。

第二节　政策条件

一、中国

（一）“十三五”现代综合交通运输体系发展规划

2017年，国务院印发《“十三五”现代综合交通运输体系发展规划》（以下简称《规划》）。《规划》是根据《中华人民共和国国民经济和社会发展第十三个五年规划纲要》，并与“一带一路”倡议、京津冀协同发展、长江经济带发展等规划相衔接制定的，提出要强化战略支撑作用，打造“一带一路”互联互通开放通道，着力打造丝绸之路经济带国际运输走廊。以新疆维吾尔自治区为核心区，以乌鲁木齐、喀什为支点，发挥陕西省、甘肃省、宁夏回族自治区、青海省的区位优势，连接陆桥和西北北部运输通道，逐步构建经中亚、西亚分别至欧洲、北非的西北国际运输走廊。发挥广西壮族自治区、云南省开发开放优势，建设云南面向南亚、东南亚辐射中心，构建广西壮族自治区面向东盟国际大通道，以昆明、南宁为支点，连接上海至瑞丽、临河至磨憨、济南至昆明等运输通道，推进西藏自治区与尼泊尔等国交通合作，逐步构建衔接东南亚、南亚的西南国际运输走廊。发挥内蒙古自治区连通蒙俄的区位优势，加强黑龙江省、吉林省、辽宁省与俄罗斯远东地区陆海联运合作，连接绥芬河至满洲里、珲春至二连浩特、黑河至港澳、沿海等运输通道，构建至俄罗斯远东、蒙古国、朝鲜半岛的东北国际运输走廊。积极推进与周边国家和地区铁路、公路、水运、管道连通项目建设，发挥民航网络灵活性优势，率先实现与周边国家和地区的互联互通[①]。

《规划》构建横贯东西、纵贯南北、内畅外通的“十纵十横”综合运输大通道。“十纵”包括：①沿海运输通道，起自同江，经佳木斯、哈尔滨、长春、沈阳、大连、秦皇岛、天津、烟台、青岛、连云港、南通、上海、宁波、福州、厦门、汕头、广州、湛江、海口，至防城港、三亚；②北京至上海运输通道，起自北京，经天津、济南、蚌埠、南京，至上海、杭州；③北京至港澳台运输通道，起自北京，经衡水、菏泽、商丘、阜阳、黄冈、九江、南昌、赣州、深圳，至香港（澳门），支线经合肥、黄山、福州，至台北；④黑河至港澳运输通道，起自黑河，经齐齐哈尔、白城、通辽、沈阳、北京、石家庄、郑州、武汉、长沙、广州，至香港（澳门）；⑤二连浩特至湛江运输通道，起自二连浩特，经集宁、大同、太原、洛阳、襄阳、宜昌、怀化，至湛江；⑥包头至防城港运输通道，起自包头（满都拉），经延安、西安、重庆、贵阳、南宁，至防城港；⑦临河至磨憨运输通道，起自临河（甘其毛都），经银川、平凉、宝鸡、重庆、昆明，至磨憨、河口；⑧北京至昆明运输通道，起自北京，经张家口、太原、西安、成都（重庆），至昆明；⑨额济纳至广州运输通道，起自额济纳（策克），经酒泉（嘉峪关）、西宁（兰州）、成都、泸州（宜宾）、贵阳、桂林，至广州；⑩烟台至重庆运输通道，起自烟台，经潍坊、济南、郑州、

① 中华人民共和国国务院网站，http://www.gov.cn/zhengce/content/2017-02/28/content_5171345.htm，2019年10月16日。

南阳、襄阳，至重庆。“十横”包括：①绥芬河至满洲里运输通道，起自绥芬河，经牡丹江、哈尔滨、大庆、齐齐哈尔，至满洲里；②珲春至二连浩特运输通道，起自珲春，经长春、通辽、锡林浩特，至二连浩特；③西北北部运输通道，起自天津（唐山、秦皇岛），经北京、呼和浩特、临河、哈密、吐鲁番、库尔勒、喀什，至吐尔尕特、伊尔克什坦、红其拉甫，西端支线自哈密，经将军庙，至阿勒泰（吉木乃）；④青岛至拉萨运输通道，起自青岛，经济南、德州、石家庄、太原、银川、兰州、西宁、格尔木，至拉萨；⑤陆桥运输通道，起自连云港，经徐州、郑州、西安、兰州、乌鲁木齐、精河，至阿拉山口、霍尔果斯；⑥沿江运输通道，起自上海，经南京、芜湖、九江、武汉、岳阳、重庆、成都、林芝、拉萨、日喀则，至亚东、樟木；⑦上海至瑞丽运输通道，起自上海（宁波），经杭州、南昌、长沙、贵阳、昆明，至瑞丽；⑧汕头至昆明运输通道，起自汕头，经广州、梧州、南宁、百色，至昆明；⑨福州至银川运输通道，起自福州，经南昌、九江、武汉、襄阳、西安、庆阳，至银川；⑩厦门至喀什运输通道，起自厦门，经赣州、长沙、重庆、成都、格尔木、若羌，至喀什[①]。

《规划》中提出要完善高速公路网络，包括加快推进由7条首都放射线、11条北南纵线、18条东西横线，以及地区环线、并行线、联络线等组成的国家高速公路网建设，尽快打通国家高速公路主线待贯通路段，推进建设年代较早、交通繁忙的国家高速公路扩容改造和分流路线建设。有序发展地方高速公路，加强高速公路与口岸的衔接。加快普通国道提质改造，基本消除无铺装路面，全面提升保障能力和服务水平，重点加强西部地区、集中连片特困地区、老少边穷地区低等级普通国道升级改造和未贯通路段建设。推进口岸公路建设。规划实施的高速公路有京新高速（G7）、呼北高速（G59）、银百高速（G69）、银昆高速（G85）、汕昆高速（G78）、首都地区环线（G95）等6条区际省际通道贯通工程；推进京哈高速（G1）、京沪高速（G2）、京台高速（G3）、京港澳高速（G4）、沈海高速（G15）、沪蓉高速（G42）、连霍高速（G30）、兰海高速（G75）等8条主通道扩容工程。推进深圳至中山跨江通道建设，新建精河至阿拉山口、二连浩特至赛

① 中华人民共和国国务院网站，http://www.gov.cn/zhengce/content/2017-02/28/content_5171345.htm，2019年10月16日。

汗塔拉、靖西至龙邦等连接口岸的高速公路。普通国道包括实现G219、G331等沿边国道三级及以上公路基本贯通，G228等沿海国道二级及以上公路基本贯通。建设G316、G318、G346、G347等4条长江经济带重要线路，实施G105、G107、G206、G310等4条国道城市群地区拥堵路段扩能改造，提升G211、G213、G215、G216、G335、G345、G356等7条线路技术等级。推进G219线昭苏至都拉塔口岸、G306线乌里雅斯太至珠恩嘎达布其口岸、G314线布伦口至红其拉甫口岸等公路升级改造。

（二）内蒙古自治区有关规划

内蒙古自治区有关规划主要包括主体功能区规划、铁路规划和公路规划。

1. 自治区主体功能区规划

《内蒙古自治区主体功能区规划（2008—2020年）》提出，到2020年基本形成以沿交通干线、沿主要河流为轴线，以国家和自治区级重点开发的城市化地区为主要支撑，以轴线上其他点状开发的城镇为重要组成的城市化战略格局。推进形成呼包鄂城镇群和沿边交通干线、沿黄河产业带，推进形成海拉尔、乌兰浩特、赤峰（红山、松山、元宝山）、锡林浩特等区域性中心城市和沿交通干线、沿主要河流产业带，推进形成满洲里、二连浩特重点开发开放试验区。

2. 自治区铁路规划

按照《内蒙古自治区中长期铁路网规划》等铁路中长期专项规划，到2020年自治区铁路网里程达到1.82万千米，2030年达到2.12万千米。其中，2020年出区铁路通道达到32条，货物外运能力达到12亿吨以上。另外，规划1条区内东西辅助通道，即在现有东西主通道（乌海—包头—集宁—通辽—齐齐哈尔）的北侧，建设“青山—金泉—巴彦花—额尔敦敖包—锡林浩特—霍林河—乌兰浩特—伊尔施—海拉尔”区内辅助东西通道，东向接通满洲里口岸，西向接通临哈线与出疆北通道相连。

按照《内蒙古自治区铁路“十二五”发展规划》，到2015年，内蒙古自治区铁路营运里程达到1.6万千米，复线率、电气化率分别达到50%以上，铁路客运能力达到1亿人以上，货运能力达到10亿吨以上，初步形成在全区综合交通运输体系中起骨干作用的内蒙古铁路网络。

加强交通基础设施建设，提升管理服务水平，形成比较完备的综合交通运输体系。适度超前，统筹各种运输方式发展，优化完善综合交通运输网络，强化跨省（区）交通基础设施的无缝衔接，提高运输能力和服务水平，构建便捷、安全、高效的综合交通运输体系。一是铁路方面。加快推进客运专线、煤运通道、口岸通道和区域内部通道建设。统筹建设东北地区快速铁路网，推进城市群内城际轨道交通建设；全面完成东北地区东部铁路通道建设，加快推进赤（峰）大（板）白（音华）至锦州、巴彦乌拉至新邱铁路等蒙东煤炭外运通道及疏港铁路建设；大力实施既有线扩能和电气化改造；统筹规划建设中俄国际铁路（北线）和中蒙俄国际铁路大通道。二是公路方面。完善区域内高速公路网络，加快国家高速公路断头路、瓶颈路段建设。加强城际间快速交通网络和边防公路建设。提升国省干线技术等级和服务水平。三是机场方面。扩建和新建一批干支线机场，形成干支结合、布局合理的机场网络。优化机型配置和航线网络布局，适当加密航线航班，提高快捷服务水平。对旅游热点地区，在旅游旺季增开临时航线航班。推动通用机场建设，促进通用航空产业有序发展。

内蒙古自治区作为中国向北开放的桥头堡，经满洲里和二连浩特分别有两条铁路与西伯利亚大铁路相连，在丝绸之路经济带与俄罗斯跨欧亚发展带对接中承担着不可替代的物流大通道作用。

3. 自治区公路规划

按照《内蒙古自治区省道网规划（2013—2030 年）》，内蒙古自治区省道网由普通省道和地方高速公路组成，到 2030 年，自治区省道里程达到 20217 千米，形成首府辐射盟市、盟市便捷连接、盟市辐射旗县、旗县互相连通、覆盖重要乡镇的省道网，与自治区内国家公路共同组成覆盖广泛、功能完善、衔接顺畅、安全可靠的自治区干线公路网，适应自治区经济社会长远发展需要。其中，普通省道 17612 千米，由 5 条首府放射线、29 条南北纵线、18 条东西横线和 29 条联络线组成；地方高速公路 2605 千米，与自治区内的国家高速公路相连，共同组成总里程 1156 千米（含 11 条南北纵线、10 条东西横线、14 条联络线、6 条环线）的自治区高速公路网和自治区公路网主骨架。

二、蒙古国

（一）建设蒙古国铁路网络的法律依据

一直以来，交通运输行业在国家社会经济中发挥着巨大的作用，从微观角度看，它影响着几乎所有商品和服务的成本，影响着经济部门的有效运作，为消费者提供服务的质量和消费者满意度以及国有资源的规模、居民的生活水平和生态平衡。

对于蒙古国来说，将这一领域的发展与世界标准、国家地理、民族文化、生态环保、劳动力资源、经济结构转型和改革发展等相结合，将促进国家的全面发展。

1999 年，世界银行出台了完善蒙古国运输系统的意见，特别强调了融资与可持续监管体系的重要性，提出应最大限度地发挥私营部门在融资中的作用。但是，该意见中没有充分提出如何解决这些重要问题和其他相关问题的建议，包括运输相关法律法规、组织结构、责任参与、问责制、工作联系、过境行为等，也没有明确在执行其既定的任务时国家机关应有的职能和组织所需的时间等内容。

2006 年，在亚洲开发银行资金支持下，蒙古国制定了道路运输相关文件，为运输领域新修订政策和战略提供了基础。相关文件主要涵盖了公路运输领域，提出了下列需修订和应完善的新的战略需求。

（1）扩大矿产资源的利用及重大项目的实施，对运输的需要已经有所改变，因此为了提高运输服务的质量和效益，需要私营部门在政策的指导下参与。

（2）根据 2004 年《亚洲公路网政府间协定》，蒙古国参与区域交通合作、对接及发展的需求越来越大。

（3）自 2000 年以来，从地方涌入首都的人口数量急剧增加，使乌兰巴托市内和各城市间公路运输服务的需求急剧增加。

（4）将交通运输领域各子行业总体规划纳入蒙古国政府的《区域发展理念》《发

展规划》《国家综合发展战略》等政策，同时写入蒙古国政府运输相关政策，制定交通运输行业统一的新战略，以提高蒙古国道路运输基础设施的竞争力。

（5）政府对铁路运输与民用航空的运输政策文件需要国家大呼拉尔通过。

蒙古国交通运输与建设部于2011年通过的《巩固公路运力中期规划》等文件中明确提出了运输行业的主要政策，主要包括以下内容：①需根据蒙古国地形制定规划和战略；②乌兰巴托与所有省的首府间铺设硬化道路；③在全国主要节点地区建设过境物流港；④以铁路网络联结矿产地并继续拓展铁路网络；⑤鼓励积极利用创新技术，增强建设施工单位的理论与实践经验，提高生产力等。

2015年9月25日，在第70届联合国大会上通过的“变革我们的世界：2030年可持续发展”决议提出的到2030年，向所有人提供安全、负担得起的、易于利用、可持续的交通运输系统，改善道路安全，特别是扩大公共交通系统建立可持续交通系统，建立质量高和复原能力强的基础设施与2016年2月5日由蒙古国大呼拉尔提出的发展满足经济增长的运输物流网络；继续发展符合消费者需求的，具有经济效益的，安全舒适的运输服务体系，已成为蒙古国运输行业发展的总方向。

建设蒙古国运输统一网络体系及居民居住发展总体规划将取决于人口居住特点、游牧生活向定居生活转变的速度、原因和结果，社会经济变革，政治体制转变时期的经济、金融条件，市场经济关系的确定等蒙古国独特的历史时期特点等。

我们认为，在第一阶段，要建立以促进蒙古国经济社会发展为目的的交通、能源和现代化通信体系，将建设国家道路运输统一网络作为国家经济社会发展的长期战略目标。建设国家道路运输统一网络将对支持地方发展、促进个体发展、形成社会均衡发展起决定性作用。

铁路统一网络需要全面覆盖蒙古国国土，需要为全域带来发展红利。

（二）运输体系的建设目标

就经济和社会发展而言，解决蒙古国面临的困难和挑战问题，完成减贫和政府行动纲领的目标以及已拟议的运输部门愿景为导向，以下四点作为该行业的战略实施目标，将会更加精准。

1. 利用与管理方面

（1）尽量以低廉的费用满足顾客需求。

（2）使消费者，特别是贫困群体享受到安全、廉价的服务。

（3）降低交通事故，降低对环境的不利影响。

2. 发展基础设施方面

建设连接地方、连接出海口的具有竞争力的高效的国家运输网络。

3. 完善行业的职能，形成竞争环境

（1）形成能够体现安全、保护环境的措施，以及鼓励竞争的调节机制。

（2）在国家和地方各级行政机构形成管理机制，特别是基础设施管理机制。

（3）支持私营企业的参与。

4. 融资方面的目标

（1）改善财政制度和专项基金的使用、基础设施的维修和养护，保障公路安全，形成稳定的融资机制。

（2）为私营企业创造稳定的国内贷款的来源。

（3）更加稳定的国内金融。

（4）形成蒙古国国内的融资来源。

（三）综合交通体系覆盖范围

1. 促进公平竞争

（1）采取相应行动，营造支持运输子行业相互竞争的商业环境。

（2）若出现不符合公共合法利益或产生社会负面影响时，政府进行干预，对其限制并进行市场管制。

2. 明确监管范围

（1）依法做好交通运输部门的安全、经济和环境有关的协调工作。在这方面，政府应建立维护公众权益，有效实施权力的职能部门来协调运输领域。

（2）为了以更低的成本提供更安全的运营，需要对每个运输行业进行安全管理。

（3）在市场竞争无法成为有效保护手段的情况下，注重以经济手段调节服务质量和程度是否可行、成本与价格比是否合理等。

（4）监管当局的主要责任之一是采取适当的行动来解决消费者的投诉。

3. 价格和关税

（1）依据实际服务成本，结合经济效率和国内条件，设定各类运输的关税。

（2）逐步导入没有关税政策的交通工具。

（3）政府应确定并对民营企业提供机场、铁路基础设施、公共交通枢纽、水运码头、导航设备等国有机构的价格。

（4）制定并实施向消费者均等分配利用与维护费用的系统。

（5）根据详细的技术、经济、财务和环境评估来制定国家预算中的投资决策。

（6）在实施决策时，应以经济效率为主要参考标准，同时还要考虑政府的社会责任。

4. 投资政策

蒙古国交通运输基础设施的一切投资都应对合理的成本损失进行评估，并且只能实施在经济上可行的项目。评估投资的重要性，重点是要考虑社会保障问题，例如减贫等。

蒙古国拥有广袤的国土，铁路运输被认为是最廉价的运输方式，可以运输大量货物，相对快速的运输增加了其在经济中发挥的作用。

截至 2008 年，蒙古国运输行业中的公路运输、航空运输的货运量下降，而铁路运输货运量逐年上升。2011 年公路运输货运量是 2009 年的 4 倍左右，是铁路货运量的 1.5 倍，是航空运输量的 2 倍。但铁路运输量的增长自 2012 年开始放缓，2014 年铁路运输量有所下降。

（四）蒙古国交通运输领域的法制环境

过去的一段时间，运输服务不仅可以由国有企业提供，还可以由私营企业提供，仅凭规章制度无法使其规范，需要对相关子行业的法律条例进行调整、修订。根据这个要求，国家大呼拉尔通过了 1992 年的《利用空间飞行法》、1996 年的《铁路运输法》、1998 年的《公路法》、1999 年的《公路运输法》《海洋利用法》和

2003年的《国家铁路运输政策》等法律。

今后，蒙古国还需要继续对在市场经济的发展时期通过的法律法规进行修订、修改，通过新的法律，完善交通领域的法制环境。

1. 国家铁路运输政策和法规

2010年，国家制定铁路运输政策的目标是增加铁路运输和通过能力，拓展高效一体化的国家铁路网，以确保完成对增加铁路运输能力提出的高要求，完善行业的法律环境和组织架构，利用和出口大型矿产及其加工品，加快发展国家经济，并保障未来的可持续发展。该政策对铁路运输行业提出了以下7个核心目标。

（1）扩大铁路网络和基础结构时要与国民经济和社会发展趋势、国防和安全需要以及保护公共利益和合法权益相结合。

（2）利用中国和俄罗斯的铁路网络建设一条面向第三市场的便利的贸易和运输新线路，以促进贸易便利化并通向出海口。

（3）提高铁路货运能力，确保国家铁路网络的高效运行，形成能够有效满足能矿产品、过境货物和准确组织进出口货物周转、运输的铁路国内统一网络。

（4）建设通过铁路与矿产地相连的工业园区，加工矿产品，生产高附加值产品，满足经济运转，支持出口，进而提高国内生产总值。

（5）对铁路行业进行结构调整，改善铁路运输部门的管理。

（6）利用国际铁路，在确定铁路网络拓展路线的基础上，建造具有竞争力的连通亚欧的铁路新线路。

（7）创造就业机会，鼓励生产高附加值产品，并与买方国家开展多边合作等。

这项政策包括战略性矿产的运输问题和建立赛音山达工业园区的问题。此外，分阶段发展国内铁路网络方面，包含了铁路网络的覆盖点，并对到达该点的距离以千米为单位做了详细描述。作为政策实施机构，指出要建立国家铁路局。

铁路运输政策和战略需要与国际发展趋势和蒙古国自身的特点相结合，创造良好的法律环境，进行精准有效的管理，利用现代先进技术建立高容量和高产出的网络，妥善、平等地满足蒙古国国内和国际运输需求，为经济和社会可持续发展提供条件。

这个领域的目标有以下 6 个。

（1）完善符合行业发展趋势的法律体系。

① 对铁路现行法律法规进行修改和修订。

② 制定协调运输行为关系的法律。

③ 制定铁路行业可持续发展的政策和战略。

④ 提高现有运输服务效率和更新规范，引进国际先进标准。

⑤ 建立健全铁路管理的法治体系。

⑥ 修订蒙俄联合控股的乌兰巴托铁路股份公司的现有法律文件，使其符合时代需要。

⑦ 为在全网统一协调铁路运输提供条件。

（2）根据国民经济和社会发展需要，发展物流业。

① 修订“过境蒙古国”国家规划，并确保实施。

② 提高国际竞争力。

③ 为国家的贸易和运输创造有利条件，与邻国签订合同和协议，有效利用联合国、世界贸易组织和其他国际组织关于内陆国家的协定与公约。

④ 解决铁路网络未覆盖的铁路新线路问题。

⑤ 政策实施，建立可持续的国际运输物流系统，综合运输管理、定价和关税制度。

⑥ 实施铁路调度统一协调机制。

（3）改进行业生产格局，实现可持续发展。

① 根据国民经济和社会发展趋势，实施行业科学技术的可持续发展政策。

② 发展培训和研究机构，引进世界一流的经验和技术。

（4）大幅增加乌兰巴托铁路主线的运输和输送能力。

① 实施国家铁路运输政策。

② 实施蒙俄联合持股的乌兰巴托铁路股份公司的可持续发展计划。

③ 逐步采取措施，提高运输和输送能力，包括以下相关事项：完成对超期服役道路、桥梁、人造设备的维修，并对其定期维修；更新火车报警系统；更新动力组件；扩大路基；完善运输协调、规划系统的组织结构；建立运输物流中心，

增加车站和物流码头的容量；修建急转弯的道路；将主干道建设为两条车道；重新制定运输的技术规范；更新与列车运输相关的信息技术系统；基础结构和可移动部件的阶段性改进；开发诊断和测试基地；调查研究双层集装箱运输的可行性。

（5）使运输费用达到适当水平。

① 根据运输成本、消费、运费和运输距离及市场原则确定税率。

② 分步骤采取措施减少税收损失，包括实施节约政策、按梯度提高税率、实施灵活的关税政策、确定税收环境等。

（6）人力资源开发的可持续性。

① 与行业的拓展、科学技术的发展相结合，使人力资源得到可持续发展。

② 实施国家政策，为国家机构建立富有经验的人力资源储备库。

③ 创造良好的工作环境和条件，留住优秀人才。

2.《蒙古国铁路运输法》的实施情况

《蒙古国铁路运输法》自 2007 年通过后，先后进行了三次增补和修订。目前，国家中央行政机关正在对该法律进行整体编纂修订。为了确保国家交通运输子行业的平衡发展和防止过度垄断，《蒙古国铁路运输管理法》规定了某些具体关系需要通过规章制度进行调节。但此项法律没有明确说明运输参与者主体间的权限区别和与铁路运输参与者平衡交流的条件，对与运输相关的关系的协调也不充分。因此，需要明确由哪个主体制定规章制度，法律中要明确反映其所协调的关系，对于其必须协调的关系，有必要通过一套共同系统的规则和法律行为来进行立法。

有关铁路交通安全要求的规章制度、规范和规范性文件的审批权，应依法赋予国家铁路主管部门。由于一些法律规范取决于交通参与者的技术，因此，建议修订的法律应向交通参与者赋予批准和执行这些法律的权利。

使用许可证、证明等手段进行监管，不能完全确保铁路的安全运行，因此，需要在建设、规划阶段进行监管，对铁路的开通、验收调试阶段进行监管和协调，将工程基础结构用地纳入国家特殊需要，与取得许可证的持照人订立合同并签发许可证等问题应在法律中详细反映。

2007 年之前，蒙古国只有一所铁路运营机构——乌兰巴托铁路股份公司。也就是说，乌兰巴托铁路股份公司的领导行使铁路局局长的职能。因此，乌兰巴托铁路管理局局长和乌兰巴托铁路股份公司的主席由同一人担任，乌兰巴托铁路股份公司负责处理有关铁路的所有问题。资金方面，乌兰巴托铁路的移动组件园区老化严重且对移动组件的资本投入不足。投资方面，多家私营机构表示，出口铁矿、焦煤能够吸引外国投资者修建专用铁路。2007 年 7 月 5 日，为了吸引私人投资铁路行业，对铁路行业进行结构重组，制定了《蒙古国铁路运输法》。《蒙古国铁路运输法》指出，制定该法律的目的是明确铁路运输行为准则，协调与安全运行有关的机构间关系。这一法律的出台为设立国家铁路主管部门提供了依据。该法律规定蒙古国铁路管理局应设立综合交通管理协调中心、铁路运输检查机构以及其培训和研究机构。法律还规定，参与铁路运输的各类所有制企业可以参与铁路部门的营运，基于此规定，2008 年成立了宝勒德特木日玉热河有限责任公司和蒙古铁路国有控股公司。

《蒙古国铁路运输法》对政府参与铁路部门管理的情况做了如下规定：铁路政策和战略中包括在国家铁路运输政策、执法权，铁路管理和监管框架内发放和撤销建设基础结构的许可证；确定铁路建设用地的规模、时间和条件；对拥有铁路用地所有权者减免费用等。

该法律对国家中央行政主管部门或铁路局的权力做了如下规定：就铁路的公共行政管理问题制定一整套规章制度，与情报总局合作，批准铁路运输、装卸危险货物的守则；指派一名总分析师负责调查铁路事故、灾难；代表蒙古国参与国际铁路合作；优先考虑客运、邮政及对国家经济社会有特殊意义的货运等；与相关权力机构协商制定特殊运输和军事运输执行规章等。

负责铁路管理的国家行政主管部门的职责规定有如下几点：组织实施国家的铁路运输立法工作并确保其实现；为防止铁路部门内部的不正当竞争，审查价格、产品和服务质量、合同变更，提出建议和结论；颁发使用基础结构、营运铁路、组装和修理铁路运输业务的许可证，以及暂停和撤销许可证；颁发、延长期限、暂停和撤销与铁路运输安全有关的某些物品和活动的证书；对改造和新建铁路、拓宽支线铁路的协调工作进行监督；根据相关法律和国际条约执行铁路运输行业国有资本的使用或国家公共运输中的国有部分的使用；将部分营业收入用于确保铁路运输的安全；经铁路主管部门批准制定国家铁路运输标准；批准铁路专业技术人员岗位及与列车和维修有关的工作和职务清单；建立和维护铁路运输行业统计信息数据库并及时更新。根据法律规定，国家中央行政机关所属的国家铁路局在2007—2012年制定了一套通用于铁路的规章制度，并建立了铁路运输检查机构，但未建立列车调度中心和培训研究机构。该法律已于2012年8月17日根据修正案被废除。

在颁布法律时遇到以下问题：所面临的蒙古国铁路网络不发达，半数车厢是通过私人投资等问题在一定程度上得到解决，通过进口增加了3000多节火车车厢等。这在一定程度上拓宽了铁路网络。

2012年8月17日颁布的法律修正案确定设立中央行政管理机构或交通运输部所属铁路综合管制协调中心、铁路监督办公室，并明确可设立培训和研究机构。实际上，铁路监督办公室已经并入交通运输部，并在国家预算单位中组织了铁路综合管制协调中心，但培训和研究机构依旧没有设立。

中央行政管理机构在已有的7项权力基础上，增加了铁路局行政和协调性质的权力，成为可以实施18项权力的机构。法律中缺少能将铁路路网与国家社会经济发展联系起来的条款。撤销了铁路办事处，设立了交通运输部所属的铁路综合管制协调中心（“合管NCA”）。该中心的原职能整合到交通运输部相关部门。根据修订后的法律，中央行政管理机构能够行使以下权力：①确保执行铁路运输行业的法律法规；②按照相关法律和国际条约执行铁路运输行业中的国有资本或国家公共运输中的国有部分的使用；③批准一套通用的铁路运输规章；④审查关税、产品和服务质量，变更合同，提出建议和评定结论，以防止铁路部门内部的不正当竞争；⑤颁发使用基础结构、铁路营运、组装和修理等与铁路运输业务有关的许可证，以及暂停和撤销许可证；⑥颁发、延期、暂停和撤销与铁路运输安全有关的某些物品和活动的证书；⑦对改造和新建铁路，拓宽支线铁路的协调工作进行监督；⑧采取措施确保铁路运输安全；⑨指派一名总分析师负责调查铁路事故、灾难；⑩制定铁路运输国家标准，并与主管机构共同批准；⑪批准铁路专业技术人员岗位及与列车和维修有关的工作和职务清单；⑫建立并维护铁路运输部门的统计和信息数据库；

⑬ 与情报总局共同批复铁路运输，装卸和保管危险货物的程序；⑭与情报总局协商制定蒙古国总统、国家大呼拉尔主席、总理及外国元首等重要领导使用专列的规章；⑮代表蒙古国参与铁路国际合作；⑯优先考虑客运、邮政，以及对国家经济社会具有特殊意义的货运等；⑰与相关权力机构协商制定执行特殊运输和军事运输的规章；⑱法律规定的其他权力与国家行政机构的责任。

铁路综合管制协调中心除了拥有一整套规章制度确定的权力，还拥有以下权力：①批准运行时间表；②为保证运行安全，组织调度室，协调各区间列车调度；③协调组织基础结构所有者间的运营和对接；④提出与交通管理相关的意见，总结问题并予以解决；⑤为铁路的基础结构所有者提供技术理论的指导；⑥为作为运输参与者的铁路局制定统一技术体系。

这些权力的行使为提高运输能力，满足日益增长的铁路运输需求，确保运输具备有效和可靠的保障；为国内综合铁路网络扩能，以提高过境运输能力；为改善铁路部门的法制环境，发展国有和私营企业的伙伴关系，加快蒙古国的社会和经济发展；为铁路的可持续发展，研究型、创新型产业发展等方面提上日程奠定了基础。

依照 2012 年通过的蒙古国政府决议，决定撤销国家铁路局，成立国家铁路管理中心，由交通运输部统一实施和执行铁路政策。国家铁路管理中心负责铁路运输方面的机构仅有 10 多名工作人员，且缺乏财政支持。因此，一方面，需要对该机构是否能够全面处理国家管理问题、是否具有管理协调职能、能否继续保留一些职能等方面的问题进行重新评估；另一方面，该机构是国家社会经济、基础设施发展的重要组成部分，有必要考虑重新评估、修改或保持原状时做哪些调整。

蒙俄联合控股的乌兰巴托铁路股份公司的工作除了由 1949 年制定的国家间协定协调，还受国有、地方所有公司和其他法律法规协调，但在执行铁路运输法时遇到了一定困难，即截至 2007 年，乌兰巴托铁路股份公司在铁路部门中占据垄断地位。如今，已经出现了公私合营的众多机构，因此，其垄断地位被打破，但法律中缺少平等分配问题，并且工作进展缓慢。在制定铁路运输法时，有经验的工程技术人员分别为《蒙古国铁路运输法》和《蒙古国铁路法》两部法律起草了相关规划。由此看来，有必要将与铁路运输有关的工作任务依照此法进行管理。

（五）蒙古国参与铁路、公路与过境运输的国际公约情况

乌兰巴托铁路股份公司近期需要增加蒙方股份，完善公司的组织结构、计算土地税等，对步入市场经济体制相关条款的增加、修订等问题进行商讨。这对于交通运输走廊的发展至关重要。

为了同两个邻国平等合作，扫清连通出海口的障碍，也为了将来的海运储备人才队伍和劳动岗位，需要重新修订《蒙古国过境法》和《蒙古国水手法》。

为了扩大铁路运输国际合作，特别是在建设中蒙俄经济走廊的背景下，有必要及时发现和反映国际运输的相关法律法规。首先，需要将我国的政策和行动与国际运输公约和行为对接。其次，应增加外语人才，满足扩大动力机组、车厢的租赁以及与邻国交流的需求。

1. 蒙古运输部门参加的国际公约中，有必要采取以下措施

（1）根据 2005 年有关亚洲公路网政府间协定，需要建设 AH3[①]、AH4[②] 道路，近期需要修建 AH32[③]。

（2）蒙古国已经加入 1956 年《国际公路货运公约》和 1968 年《道路交通公约》。今后需要做好公约的宣传工作，确定货物保险相关事宜，治理海关的官僚作风，节省运输系统的费用。

（3）目前，蒙古国已与中国、俄罗斯、朝鲜、土耳其、乌克兰、哈萨克斯坦、白俄罗斯、吉尔吉斯斯坦、拉脱维亚等 9 个国家签署了双边公路运输协议；正在与德国、波兰、捷克、斯洛伐克和意大利等国家进行谈判；与两个邻国分别签订的“过境运输协议”有必要扩大到三边协议。

2. 为了确保过境运输的发展，需要参照下列国际公约

（1）1958 年制定的《关于对轮式车辆、安装和 / 或用于轮式车辆的装备和部

---

① AH3：乌兰乌德—恰克图—阿拉坦布拉格—达尔汗—乌兰巴托—纳莱哈—乔伊尔—赛音山达—扎门乌德—二连浩特—北京—塘沽—上海—杭州—南昌—湘潭—贵阳—昆明—景洪（打洛—勐腊—Kyaing Tong）—磨憨—波乔—Nateuy—会晒—清孔—清莱。

② AH4：新西伯利亚—巴尔瑙尔—塔山塔—乌兰柏兴图—科布多—雅然太—乌鲁木齐—喀什—红其拉甫—哈桑阿卜杜勒—拉瓦尔品第（伊斯兰堡）—拉合尔—木尔坦—罗赫里—海得拉巴—卡拉奇。

③ AH32：（朝鲜）元汀—圈河—珲春—长春—阿尔山—苏木贝尔—（蒙古）乔巴山—温都尔汗—纳来哈—乌兰巴托—乌里雅苏台—科布多。

件采用统一条件并相互承认基于上述条件批准的协定书》。

（2）对轮式车运输制定了《关于接受轮式车辆运输临时方案的国际协定》。

（3）《关于制定轮式车辆、设备和零件国际技术标准的国际协定》。

（4）《危险货物道路运输国际公约》。

3. 规范蒙古国铁路运输行为的法律

铁路部门在国际运输关系中贯彻的法律主要有：《铁路货物运输国际公约》《国际旅客联运协议》《铁路运输法》《国际客运准则》《国际铁路旅客运输规程》《国际旅客货车耐久性准则》《铁路运输常用准则》《铁路关税守则》等。

4. 国内铁路运输中贯彻的准则

（1）《铁路运营准则》。

（2）《旅客、货物和行李运输准则》。

（3）《列车和维修人员的特别纪律准则》。

截至 2008 年，铁路部门采用的标准为俄罗斯的标准（GOST）。2008 年部门之间直接采用 1∶1 的比例遵照 GOST 和 180 标准或对其进行修改、补充后遵守。自 2012 年起，我们一直致力于执行蒙古国政府的政策和决议，研究和翻译国际先进标准并制定实施新标准。

三、俄罗斯

（一）区域发展规划

2005 年，俄罗斯颁布了《俄罗斯联邦经济特区法》。截至 2012 年底，俄罗斯共批准设立经济特区 26 个，其中工业生产型经济特区 5 个，分别是阿拉布加、利佩茨克、陶里亚蒂、上萨尔达“钛谷”和卡卢加州；技术推广型特区 4 个，分别是绿城、杜布纳、托木斯克和圣彼得堡；旅游休闲型特区 14 个，分别位于阿尔泰边疆区、阿尔泰共和国、伊尔库茨克州、布里亚特共和国、滨海边疆区、斯塔夫罗波尔边疆区、加里宁格勒州、卡拉恰耶夫—切尔克斯共和国、卡巴尔达—巴尔卡尔共和国、北奥赛梯—阿兰共和国、达吉斯坦共和国、印古什共和国、克拉斯诺达尔边疆区和阿迪格共和国；港口型特区3个，分别位于哈巴罗夫斯克边疆区、乌里扬诺夫斯克和摩尔曼斯克州。

2009年，俄罗斯政府制定出台《2025年前远东和贝加尔地区经济社会发展战略》，将提振经济、调整结构、改善民生、加强对外合作列为首要任务。俄罗斯政府计划分三个阶段发展该地区经济，其中，第二阶段从2016年至2020年，主要目标是兴建大规模能源项目，增加过境客运和货运量，建立核心运输网络，对原材料进行深加工并加大其产品的出口份额；第三阶段从2021年至2025年，主要目标是发展创新型经济，对石油和天然气进行大规模开采、加工并出口，完成大型能源和交通项目的建设等，成立远东和贝加尔地区发展基金，基金法定资本5亿卢布。同时，俄罗斯将成立国家公司或者国家独资大型股份公司等专门机构，从事远东港口、道路、通信、机场、地方航空发展和自然资源开采等项目。按照远东地区社会经济发展规划，优先发展骨干交通网络，加强交通基础设施建设。在铁路建设方面，进一步发展西伯利亚大铁路和贝加尔—阿穆尔干线铁路，建设横跨阿穆尔河的铁路和公路两用桥，以确保承担新开发的大型矿床及其加工企业的运输任务，同时确保将煤炭运至俄罗斯中部或出口至亚太国家。通往瓦尼诺港和苏维埃港的铁路，在2025年前干线的运输能力将达到8000万至1亿吨。提高远东和贝加尔地区客货运输和过境运输能力，使其成为连接亚太地区和欧洲交通运输的桥梁。在公路建设方面，发展远东地区主干公路网，实现远东地区公路一体化，并使远东地区公路网与俄罗斯主干公路网相连接。在俄罗斯远东地区航空交通占据重要地位，将推进远东地区国际航空枢纽和国内航空枢纽建设，发展航空交通基础设施，提高远东地区居民交通便捷程度。为满足外贸增长和国际运输业务发展的需要，加快远东地区港口设施的现代化改造。优先建设集装箱货运和一般货运的现代化设施，建立大宗散装和液体货物机械化、自动化综合系统。发展北方海运，建立远东北极地区现代化运输系统。

2012年3月，俄罗斯制定《西伯利亚和远东发展法》，建议成立非商业性自主机构，并通过吸引私人资本、国家资金等共同负责东部地区的基本建设；对自主机构参与东部地区的经济建设提供优惠的政策；对东部地区的居民提供降低抵押贷款利率、资助高等学校学费等一系列优惠政策，这表明俄罗斯政府为促进东部地区的经济发展在政策上给予大力支持，为中俄区域合作进一步发展提供了机遇。

2015 年，俄罗斯确定优先发展重点领域，根据俄罗斯经济发展部消息，俄罗斯政府已确定财政拨款优先发展经济领域包括农业（包含农业服务）、加工业（包括食品生产）、化工、机械制造（航空、船舶、汽车生产等）和住房建设。优先投资项目有运输行业，包括空运（空港、空运商业、运输基础设施），通信与电信，以及电、气、水和其他资源的生产和分配，项目投资规模约为 1700 万 ~3400 万美元。

从地缘上看，我国华北和东北是俄方合作的重点地区，合作的前沿地区是与俄毗邻的内蒙古自治区和东北三省。因此，推进我国东北振兴战略与俄罗斯东部开发新战略的互动，加强与上述地区合作。

（二）俄罗斯实施“跨欧亚铁路”计划

俄罗斯领土完整和经济区域统一的必要条件是交通网络，其中，连接俄罗斯远东与贝加尔地区和其他地区的最重要的交通走廊是跨欧亚铁路。俄罗斯跨欧亚大铁路全长 9288 千米，跨越 8 个时区，是世界上最长的铁路，是贯通西伯利亚的交通动脉，可连接欧洲圣彼得堡与太平洋岸边的不冻港符拉迪沃斯托克。该铁路在向国内市场和亚太地区国家市场产品输出方面发挥着重要作用。打通俄罗斯的远东通道，沿途经莫斯科、车里雅宾斯克、鄂木斯克、新西伯利亚、伊尔库茨克、赤塔、布拉戈维申斯克和哈巴罗夫斯克，最后抵达符拉迪沃斯托克。为开发西伯利亚和远东，俄罗斯计划建设俄罗斯跨欧亚发展带，其中包括贝阿铁路和西伯利亚大铁路的现代化改造，改善欧洲与亚洲的运输，预计到 2020 年这两条铁路的货物运输能力将达到每年 5000 万吨。统一的基础设施体系将融合交通、能源、电信、水及石油和天然气运输、城市建设等，为沿贝加尔—阿穆尔铁路干线和西伯利亚大铁路，建立新型工业部门和新兴科技城市提供保障。

2009 年 10 月，中俄签署的《中华人民共和国东北地区与俄罗斯联邦远东及东西伯利亚地区合作规划纲要（2009—2018 年）》明确提出，发展贝阿干线将使布里亚特共和国、雅库特共和国、后贝加尔边疆区、阿穆尔州及哈巴罗夫斯克边疆区的现有矿产地接近现有的交通运输线路，特别是接近通向西伯利亚大铁路乃至符拉迪沃斯托克、纳霍德卡、苏维埃港、瓦尼诺等海港及与中国、朝鲜和蒙古国接壤的边境口岸的门户。计划延长从涅留恩格里到雅库茨克的铁路（阿穆尔—雅库茨克铁路干线）的可能性。该项目的实质在于利用俄罗斯远东港口，将货物运入中国东北地区没有直接出海口的省份——黑龙江和吉林，从而缩短 2 天的货物在途时间。此外，由俄罗斯远东港口向美国发货可以再缩短 2 天航程，货物在途时间可以减少 4 天。为了落实这一项目需要扩大和新建俄、中边境口岸，还要提高滨海边疆区铁路的通过能力，使之至少符合没有满负荷运转的符拉迪沃斯托克、扎鲁比诺、纳霍德卡、东方等海港的吞吐能力。2012 年，东西伯利亚—太平洋输油管道运营系统，是将俄罗斯原油出口到亚太市场的管道系统。

《建设中蒙俄经济走廊规划纲要》确定了俄远东和东西伯利亚与中国东北地区之间的铁路交通运输合作，开放由与朝鲜交界的丹东（辽宁省）经沈阳（辽宁省）、长春（吉林省），进而通过哈尔滨（黑龙江省）向东至牡丹江和绥芬河，向北至黑河（黑龙江省），向西北至满洲里（内蒙古），最终到达中俄边境的中俄国际交通。中俄国际交通的开放有利于增加中国货物经乌苏里斯克和外贝加尔斯克走上西伯利亚大铁路的机会，也预示了珲春—马哈林诺—扎鲁比诺铁路交通的恢复和中国货物运输的增加，这使得没有出海口的吉林省拥有了把货物先运到扎鲁比诺港再运往日本海的可能。

随着与亚太国家特别是与中国经贸联系的发展，俄罗斯东部地区铁路网扩容的迫切性不断提高。俄罗斯铁路保障了国家 86% 以上的货物运输（不包括管道运输）和约 32% 的旅客运输。

（三）欧亚经济联盟

欧亚经济联盟由俄罗斯、白俄罗斯和哈萨克斯坦三国组成的关税同盟发展而来。该联盟 2015 年初开始正式运作，并为自己设定了一系列的任务，如协调经济战略、统一税率、货币金融政策以及其他一系列一体化措施，其最终目的是提高每个国家的经济效益和规模。终极目标是建立类似欧盟的经济联盟，形成一个拥有 1.7 亿人口的统一市场。已有正式成员包括俄罗斯、白俄罗斯、哈萨克斯坦、亚美尼亚、吉尔吉斯斯坦五国，均是“一带一路”建设重要的合作伙伴。欧亚经济联盟框架内涉及一体化的有关组成部分，尤其对俄罗斯的西伯利亚和远东地区、蒙古国和中国毗邻的内蒙古自治区、新疆和东北地区关系密切。跨欧亚经济带试图以西伯利亚铁路为主干，吸引欧洲和亚洲国家参与，使俄成为西欧、北美、东南亚三大利益区的核心。目标是在俄罗斯的亚洲部分形成现代科学工业区和欧亚、欧美货物运输通道，将跨欧亚发展带作为开发西伯利亚和远东的重要抓手。中国与联盟及其成员国经济互补性强，贸易合作潜力大，2017 年我国与联盟成员国贸易额达 1094 亿美元。

中国与欧亚经济联盟各成员国共同发表《关于 2018 年 5 月 17 日签署的〈中华人民共和国与欧亚经济联盟经贸合作协定〉生效的联合声明》。协定范围涵盖海关合作与贸易便利化、知识产权、部门合作以及政府采购等 13 个章节，包含电子商务和竞争等议题。双方同意通过加强合作、信息交换、经验交流等方式，进一步简化通关手续，降低货物贸易成本。双方认为协定的生效是建设共同经济发展空间对接、实现“一带一路”倡议与欧亚经济联盟对接，以及与“一带一路”倡议和大欧亚伙伴关系倡议协调发展的重要举措。

（四）远东发展制度环境

俄罗斯远东与贝加尔地区幅员辽阔、经济发展程度不均衡，其经济社会的发展在很大程度上取决于现代化交通基础设施的存在。该地区有欧亚交通走廊、“滨海 1 号”、“滨海 2 号”、北部海洋通道以及其他将俄罗斯与亚太地区其他国家连接起来的交通线路。发展远东与贝加尔地区交通基础设施是国家政策的长期优先方向。俄联邦政府相继推出《2025 年前远东和贝加尔地区经济社会发展战略》《2025 年前远东和贝加尔地区经济社会发展国家规划》《2030 年前俄联邦交通战略》《2030 年前俄联邦铁路交通战略》等涉及这一地区的发展战略与规划。

为了推动俄罗斯远东地区开发，俄罗斯政府先后制定了远东地区发展战略和规划等一系列重要文件，确定了远东地区发展的目标、原则、任务、政策、组织和措施。2009 年 12 月 26 日，俄罗斯政府制定了《2025 年前俄罗斯远东和贝加尔地区社会经济发展战略》。这是一部全面、深入、系统的发展战略，它确定了俄罗斯远东和贝加尔地区的发展目标与任务、发展方案与阶段性目标，以及战略实施的机制和手段；交通、能源、信息通信和社会基础设施发展规划；俄罗斯远东和贝加尔地区各联邦主体的社会经济发展规划；俄罗斯远东和贝加尔地区与中国东北地区和东北亚其他国家经济合作规划。在发展西伯利亚大铁路方面，为确保完成增加客货运量，规划建设新的铁路线路（莫格宗—新乌奥扬、新丘古耶夫卡—鲁德纳亚普里斯坦（矿石码头）—奥莉加湾、乌格列戈尔斯克—斯米尔内赫）。新的铁路网络将加入一些货运线路（希马诺夫斯克—加里—费夫拉利斯克、纳伦—卢戈坎、普里阿尔贡斯克—别列佐夫斯基矿业—加工厂）。到 2010 年，规划重建斯莫利亚尼诺沃—彼得罗夫卡—大卡缅的铁路线路。

根据 2012 年 11 月 29 日俄罗斯联邦国家委员会主席团会议结果（第 16 条）指定的俄罗斯联邦总统任务清单，决定落实专门措施，发展远东与贝加尔地区支柱性交通网的通行能力，总资金约 10969.04 亿卢布，全部为联邦财政预算资金。

为保障外贸运输的发展，将修建边境铁路站点及国境边检站系统。计划在公私合作伙伴框架内，与中国共同建设位于犹太自治州下列宁斯克居民区的跨阿穆尔河铁路桥。因修建朝鲜半岛铁路的需要，将需对“乌苏里斯克—波西耶特—朝鲜边境”的公路进行现代化改造。

未来或出现修建西伯利亚大铁路复线需要，实现客运和集装箱的快速运输。贝阿干线铁路将获得进一步发展，以保障新开发大型矿藏原材料及矿产加工企业产品的运输，将煤炭运至俄罗斯欧洲部分或出口至亚太地区国家。首要任务是完成阿穆尔河共青城—苏维埃港铁路现代化建设。为提高通行能力，主要站点应进行现代化改建，热力机车改成电气牵引，未来建设贝加尔—阿穆尔铁路二线。

为满足现实货运需求和长期交通便利性提高的必要性，面临修建具有重要社会意义的“谢利兴—内什”铁路线，以连接萨哈林岛。需完成萨哈林铁路 1520 毫米轨道的改造工作。中期来看，需完成“别尔卡基特—托莫特—雅库茨克”铁路线（包括横跨勒拿河的公路铁路两用桥）的建设。该项目的实施，将成为推动萨哈共和国中部发展的新动力，同时需要加强和修建铁路运输线（“乌拉克—埃利加”铁路线及其他），并实施南雅库特综合发展项目。就长期而言，为保障同萨哈共和国东北部地区和马加丹州的稳定联系，开始修建雅库茨克（下别斯佳赫）—莫马—马加丹铁路线，保障萨哈共和国东北部和科雷姆矿区等经济超越式发展地区的交通需求。在贝加尔地区中期开始修建北西伯利亚铁路干线（下瓦尔托夫斯克—乌斯季—伊利姆斯克）和重要的地区间勒拿站（乌斯季—库特）—涅帕—连斯克铁路线，保证西雅库特、连斯克—安加尔斯克和乌斯季—伊利姆斯克等经济增长地区的经营活动。

公路重点网络的发展将连接本地区所有经济社会中心，并确保与出海港口及周边国家的交通联系。加强发展地区级和地方级公路网将促进干线公路网的形成，这将保证扩大交通通达范围，提高村镇居民的生活质量。为实现远东公路与国家公路网的一体化发展，将建设通往瓦尼诺港的“阿穆尔”公路（赤塔—哈巴罗夫斯克），改造“乌苏里”公路（哈巴罗夫斯克—符拉迪沃斯托克），将促进与中国、朝鲜、韩国、日本及其他亚太地区国家等边境地区的经贸发展。计划修建“东方”公路（哈巴罗夫斯克—纳霍德卡），以解决纳霍德卡港和东方港之间“东—西交通走廊”的问题。在贝加尔地区改造“贝加尔”公路和乌兰乌德—恰克图—俄蒙边境公路。继续修建“勒拿”（涅维尔—雅库茨克）和“科雷马”公路（雅库茨克—马加丹）等，并重修其中部分路段，以提高通行能力。楚科奇自治区公路网与“科雷马”公路连接。这些共同保证了地区东北部与国家公路网常年贯通。新修建一条“维柳伊”公路（从M53“贝加尔”公路—布拉茨克—乌斯季库特—米尔内—雅库茨克），解决北部货物运输问题并促进新开发地区的经济发展。

四、蒙古国、俄罗斯和中国铁路部门达成的协议

根据中华人民共和国、蒙古国和俄罗斯三国元首在塔什干会晤中达成的《建设中蒙俄经济走廊规划纲要》，在建设连通亚欧、中俄的交通基础设施和走廊时，有必要对乌兰巴托铁路股份公司进行以下技术改革。

（1）2011 年 5 月 3 日蒙俄两国政府签订的备忘录。

（2）2012 年 6 月 13 日蒙俄两国股东举行的特殊会谈。

（3）根据 2012 年 7 月 4 日、2012 年 12 月 17 日的协议结果，决议将股权增加至 3.4 亿图格里克（以下简称“图”），蒙俄两国共注入 2.5 亿美元的资金（蒙古国 1.25 亿美元，俄罗斯 1.25 亿美元），分别于 2012 年 7 月 23 日和 2012 年 12 月 27 日在蒙古国注册。

（4）2012 年 10 月 29 日至 11 月 2 日，中蒙两国在内蒙古自治区呼和浩特举行了会谈，协商增加乌兰巴托铁路（通过蒙古国领土的中俄间过境运输）货物运输周转量，改善铁路调度组织方法，提高货运和贸易水平、客运组织能力等事宜。

（5）2013 年 11 月 26 日至 27 日在莫斯科市举行了蒙俄两国政府第 17 次例行会谈，会谈上商讨的 17 项有关铁路运输的议案中，有 10 余个与乌兰巴托铁路有关。其中包括蒙古国方面提出重新修订 1949 年签订的协议，达成了 2020 年之前分两个阶段实施对乌兰巴托铁路进行改革的总体原则，讨论了必要的融资问题。俄罗斯方面表示，其愿意支持发展过境蒙古国领土通往中国的运输路线；愿意支持蒙古国、俄罗斯和中国的三方磋商；愿意派道路和运输部副部长代表俄罗斯政府参会。

（6）2015 年中蒙俄三国元首在俄罗斯乌法举行三方会晤时，三方签署了关于建设物流运输合资公司的备忘录。

依据对目前连通欧亚、俄罗斯和中国的物流条件的分析，和蒙古国政府的铁路政策和蒙古国的可持续发展理念，蒙古国道路运输部和“俄罗斯铁路”股份公司于 2014 年 9 月签订《乌兰巴托铁路改革和发展战略伙伴协议》并通过了其他相关文件。

总之，蒙古国政府正在履行铁路和过境运输相关国际协定与公约所赋予的责任及义务，加强法律和政策协调，并采取各种财政金融措施。例如，政府批准了铁路运输政策，提高铁路运输通过能力；拓展国内综合铁路网，进而提高国家过境运输能力；利用俄罗斯和中国的铁路网促进通向第三市场的贸易、运输便利化，保证矿产品、进出口货物运输高效的周转，改善铁路运输部门的管理水平等。为平衡发展国家交通基础设施，对《蒙古国铁路运输法》《蒙古国运输调度法》进行增补和修订。然而，政府没有准确指出铁路运输参与者平衡运输的条件，与运输相关的协调机制尚不完善。

由于铁路管理部委间的合作，以及对 1949 年蒙、俄联合控股的乌兰巴托铁路股份公司签订的协议进行更改等问题，一些条款和规定并未有效实施。

铁路相关法律规定，建设铁路基础结构专业许可的授予、注销，铁路机构可使用的土地面积、时间、条件，以及向土地的所有者支付的土地使用费用等问题依照法律法规解决。该法律划分了国家铁路中央管理机构和蒙古国交通运输部的权力。例如，国家铁路中央管理机构有权就铁路管理问题与国家其他机构联系，批准与铁路相关的规章制度，在国际合作中代表蒙古国与国家经济、权力机构商讨和批准对社会有特殊意义的货物运输规则等。蒙古国交通运输部只有道路、运输政策的制定权、协调权和监督权。

但是，国家铁路主管部门没有将铁路运输安全方面的规定、规则、规范和规范性文件的批准权赋予国家铁路中央管理机构。因此，应遵照《蒙古国国家铁路法》对铁路建设和规划阶段进行监督，对铁路开通和调试过程进行监督与协调，将用于建设铁路基础结构的土地纳入国家特殊需求，以及赋予铁路中央管理机构授予专业许可证的权力等事宜进行详细的规定。

蒙古国政府以多种方式解决建设铁路基础结构所涉及的专业许可事宜，对自身定位频繁调整，这对该政策的实施产生了负面影响。在苏赫巴托尔—扎门乌德路段，有 460 多千米的道路维修工作没有按照规范和标准进行改造，占总长度的 40%以上，对于铁路运行安全和不间断运输产生了负面影响。

为协调实施中俄地区发展战略和中国《东北地区振兴规划》与俄罗斯《远东及外贝加尔地区 2013 年以前经济社会发展联邦专项规划》，并根据 2007 年 3 月 26 日在莫斯科签署的《中俄联合声明》第一章第八部分和《中华人民共和国与俄罗斯联邦睦邻友好合作条约实施纲要（2009—2012 年）》，制定了《中华人民共和国东北地区与俄罗斯远东及东西伯利亚地区合作规划纲要（2009—2018 年）》。该规划纲要中涉及中俄口岸及边境基础设施的建设与改造；中俄地区运输合作；发展中俄合作园区；加强中俄劳务合作；促进中俄旅游合作；中俄地区合作重点项目；中俄地区人文合作；中俄地区环保合作等内容。在中俄口岸及边境基础设施的建设与改造方面包括改造满洲里—外贝加尔斯克国际公路口岸；改造黑山头—旧粗鲁海图双边公路口岸；改造室韦—奥洛契双边公路口岸；建设或改造绥芬河—波格拉尼奇内多边公路口岸；改造同江—下列宁斯阔耶、萝北—阿穆尔泽特、嘉荫—巴思科沃、饶河—波克罗夫卡水运口岸；设立和建设同江—下列宁斯阔耶铁路口岸；设立和改造洛古河—波克罗夫卡双边公路口岸；在拟建的阿穆尔大桥上建设口岸（在黑河—布拉戈维申斯克地区）；建设珲春—克拉斯基诺多边公路口岸；完善黑河—布拉戈维申斯克等口岸的基础设施；改造现有东宁—波尔塔夫卡公路口岸的桥梁；在同江市和下列宁斯阔耶居民点建设跨阿穆尔河的铁路桥梁；每年冬季在同江—下列宁斯阔耶铺设临时浮箱固冰通道；加强饶河—波克罗夫卡口岸间跨乌苏里江浮箱固冰通道；建设长春—符拉迪沃斯托克跨境公路；建设珲春—扎鲁比诺港口跨境公路；确定部分口岸作为两国使用本国货币结算试点，并从边贸扩大到商品货物贸易。

2017 年 7 月 4 日，中俄签署了《关于“滨海 1 号”“滨海 2 号”国际交通走廊共同开发的备忘录》。该文件规定在上述走廊开发框架内，吸引两国企业及金融机构参与实施基础设施项目，相互简化各种程序，减少转口货物报关费用及时间，扩大进出口货物名录。双方将全力落实上述备忘录。2018 年 11 月，中国商务部会同国家开发银行与俄罗斯远东发展部共同编制的《中俄在俄罗斯远东地区合作发展规划（2018—2024 年）》正式获批。该规划在交通基础设施方面，囊括了“滨海 1 号”（哈尔滨—牡丹江—绥芬河—波格拉尼奇内—乌苏里斯克—符拉迪沃斯托克港 / 东方港 / 纳霍德卡港）、“滨海 2 号”（长春—吉林—珲春—扎鲁比诺港）国际交通走廊。双方将协助中国货物通过“滨海 1 号”和“滨海 2 号”国际交通走廊及滨海边疆区港口进行无缝转运，为明确项目建设方案开展可行性研究，并建立统一运营商，向货物转运公司提供一站式服务，明确双方参与项目合作的主要条件等。中方将鼓励本国企业通过滨海边疆区港口进行货物过境运输，参与项目必要的可行性研究，明确发展“滨海 1 号”“滨海 2 号”国际交通走廊基础设施的经济效益。俄方责成远东吸引投资和出口支持署作为项目协调单位。

五、“一带一路”框架内的中蒙俄三国对铁路运输基础设施的规划

“一带一路”倡议的目的在于连通亚洲、欧洲和非洲，包括中国经中亚、俄罗斯与欧洲衔接；中国经中亚与中东衔接；中国与东南亚、南亚衔接（通过南中国海和印度洋）；中国经南海与欧洲衔接。

“一带一路”通过发展上述线路，连接国际运输节点、大型城市、海关，形成了国际经济合作的六大走廊，包括新欧亚大陆桥；中国—蒙古国—俄罗斯；中国—中亚—西亚；中国—中南半岛；中国—巴基斯坦；孟加拉国—中国—印度—缅甸。

从中国的“一带一路”倡议，蒙古国的“发展之路”规划，俄罗斯倡议的欧亚经济联盟等可以看出，三个国家均注意到建设交通基础设施这一点，并致力于实施这些倡议和规划。

2015 年 6 月，在俄罗斯乌法市举行的第二次会晤上，三国元首一致同意建立经济走廊。2016 年 6 月，三方在乌兹别克斯坦首都塔什干市举行的元首会晤上共同签署了《建设中蒙俄经济走廊规划纲要》，其中提到以下几点：①支持交通运输基础设施的相互对接；②发展口岸，完善海关和边防检验检疫工作；③巩固工业与金融机构的合作；④深化贸易和经济合作；⑤拓宽人文交流与合作；⑥保护生态环境，深化自然生态领域的合作；⑦发展次区域、边境地区合作。

中国、俄罗斯和蒙古国三国之间在发展交通基础设施互联互通的先决条件下，共同实施以上述 7 条为目标的合作，将经济合作的范围和成果提升到新的水平。《建设中蒙俄经济走廊规划纲要》共实施 32 个项目，其中 13 个项目与建设交通基础设施走廊相关，7 个项目涉及建设铁路运输走廊。

（1）发展铁路中央走廊（乌兰乌德—纳乌什基—苏赫巴托尔—扎门乌德—二连浩特—乌兰察布—张家口—北京—天津），进行双轨化改造、电气化运输的可行性研究。

（2）研究铁路北部走廊（库拉吉诺—克孜勒—查干陶乐盖—阿日查苏日—敖包图—额尔登特—萨勒黑特—扎门乌德—二连浩特—乌兰察布—张家口—北京—天

津），具备经济可行性依据时，开始实施该项目。

（3）研究铁路西部走廊（库拉吉诺—克孜勒—查干陶乐盖—阿日查苏日—科布多—塔什干—哈密—昌吉—乌鲁木齐），具备经济可行性依据时，开始实施该项目。

（4）研究铁路东部走廊（波尔贾—索罗维耶斯克—额仁查布—乔巴山—霍特—毕其格图—珠恩嘎达布其—赤峰—朝阳—锦州或大连），具备经济可行性依据时，开始实施该项目。

（5）研究“图们江运输走廊”（“滨海2号”）（乔巴山—松贝尔—阿尔山—乌兰浩特—长春—延吉—珲春—扎鲁比诺），具备经济可行性依据时，开始实施该项目。

（6）研究“滨海1号”铁路运输走廊（乔巴山—松贝尔—阿尔山—满洲里—齐齐哈尔—哈尔滨—牡丹江—绥芬河—符拉迪沃斯托克—纳霍德卡），具备经济可行性依据时，开始实施该项目。

（7）研究莫斯科—北京高速铁路穿过蒙古国国土的远景规划。

第三节　中蒙、中俄间经贸往来

蒙古国和俄罗斯是内蒙古自治区最主要的贸易伙伴。近年来，中蒙、中俄间经贸合作不断深化。2016年，内蒙古自治区对蒙古国和俄罗斯的贸易总值合计达368.8亿元，占同期外贸总值的48.1%。

中蒙两国互为重要邻国，经济互补性强，合作潜力巨大。2017年，内蒙古自治区与蒙古国贸易额达到264.51亿元，同比增长42.5%，增幅高于全区平均增幅19.7个百分点，占全区进出口总额的比重为28.1%，同比提升4.6个百分点。中国已连续10多年成为蒙古国最大的贸易伙伴。截至2017年6月，中方对蒙古国非金融类直接投资41亿美元，约占蒙古国吸引外资总额的30%，是蒙古国第二大外资来源国。蒙古国90%的产品均出口至中国，大约30%的产品需从中国进口。内蒙古自治区与俄罗斯贸易额达到205.88亿元，同比增长12.4%，占全区进出口总额的比重达21.8%。2016年，内蒙古自治区对俄罗斯进出口183.2亿元，同比增长10%；其中出口41.3亿元，增长8.7%，进口141.9亿元，增长10.3%，实现进出口双增长，进口形势更为乐观。

2017年，对俄口岸进出境货运量为3131.34万吨，同比增长1.5%，其中进境货运量为1532.73万吨，同比增长12.3%；出境货运量为400.81万吨，同比增长22.9%。对蒙口岸进出境货运量为5575.54万吨，同比增长16.0%，其中进境货运量为4943.98万吨，同比增长18.0%；出境货运量为631.56万吨，同比增长2.6%。

2018年，中俄双边贸易突破1000亿美元，达到1070.6亿美元，同比增长27.1%。中国已连续9年是俄罗斯最大的贸易伙伴。中蒙贸易额接近80亿美元，同比增长24.7%。

第四节 中蒙俄人文交流

内蒙古自治区逐步建立与俄罗斯有关部门和毗邻地区政府间高层会晤机制，推动和扩大了双方友好往来与互利合作。依托内蒙古自治区在地缘、民族、宗教、文化等方面的优势，做好与俄罗斯毗邻地区的友好工作。目前，内蒙古自治区与俄罗斯共缔结了7对友好地区（城市），与蒙古国缔结了9对友好地区（城市）关系（见表1）。

表1 内蒙古自治区与俄罗斯、蒙古国缔结友好地区（城市）

序号	与俄罗斯缔结友好地区（城市）	序号	与蒙古国缔结友好地区（城市）
1	1990年与后贝加尔边疆区（原赤塔州）	1	2009年自治区与蒙古国戈壁阿尔泰省
2	2007年与图瓦共和国	2	1991年呼和浩特市与乌兰巴托市
3	2000年呼和浩特市与布里亚特共和国乌兰乌德市	3	1992年包头市与鄂尔浑省
4	1992年海拉尔区与后贝加尔边疆区赤塔市	4	2006年巴彦淖尔市与南戈壁省
5	1993年满洲里市与后贝加尔边疆区红石市	5	2007年呼伦贝尔市与东方省
6	1999年满洲里市与后贝加尔边疆区赤塔市	6	2013年呼伦贝尔市与乌兰巴托市苏和巴托区
7	2013年额尔古纳市与后贝加尔边疆区普里阿尔贡斯克区、涅尔琴斯克扎沃德区以及红石市	7	2004年二连浩特市与乌兰巴托市汗乌拉区
		8	2009年扎兰屯市与东方省乔巴山市
		9	2012年海拉尔区与乌兰巴托市松根海尔汗区

资料来源：课题组根据相关材料统计整理。

近年来，内蒙古自治区与俄罗斯、蒙古国的人文交流不断深化，自治区接受蒙古国留学生学校 30 所，在校蒙古国大中小学留学生 2259 名。内蒙古大学等 7 所高校与蒙古国 13 所高校建立了互派留学生、互派教师、合作研究等机制。每年定期在俄罗斯、蒙古国举办文化周、文化日等大型文化交流活动。推动内蒙古电视台与蒙古国乌兰巴托电视台合办影视剧频道，开展内蒙古日报社与蒙古国商报合作，办好《满洲里俄文报》，扩大中蒙合资桑斯尔有线电视台和内蒙古索伦嘎新闻中心在蒙古国的传播力和影响力。与俄蒙、中亚在非物质文化遗产保护、地质遗迹保护、图书研究、文物考古等领域进行合作，推进“茶叶之路”沿线国家和地区联合申遗。各级内蒙古中医医院每年收治蒙古国患者近 3 万人次。

第三章

建设中蒙俄交通运输基础设施国际通道的政治与经济环境、潜力

第一节　中蒙俄三国合作发展铁路走廊的潜力

在建设中蒙俄经济走廊范围内提高“北京—二连浩特—扎门乌德—乌兰巴托—纳乌什基—乌兰乌德—纳乌什基—乌兰巴托—扎门乌德—二连浩特—北京”这一铁路中央走廊的运力，制定经济走廊的可行性研究报告，进而开工建设是当前迫切需要解决的问题。改善现有铁路基础设备，完成建设双轨铁道工作前期的经济可行性报告对于中蒙俄三国来说非常重要且具有战略性意义。因此，对建设中蒙俄三国中央经济走廊基础网络的铁路基础结构，动力机组与运输物流中心的前期经济可行性研究，是中蒙俄三国发展战略中已确定的基础性研究。在这一框架内，中蒙俄三国研究提高纳乌什基—苏赫巴托尔—二连浩特—扎门乌德口岸的通关能力的方法，将在俄罗斯乌兰乌德附近扩建的运输物流中心与在蒙古国扎门乌德利用亚洲开发银行资金建设运输物流中心进行对比，选择更有经济效益、成本更低的地点。2015 年，俄罗斯至中国的铁路运输总量为 2568 万吨，其中，外贝加尔斯克—满洲里为 1275 万吨（49.6%），苏赫巴托尔—扎门乌德—二连浩特为 410 万吨（16.0%），阿拉山口—多斯托克为 43 万吨（1.7%），绥芬河—格罗杰科沃为 840 万吨（32.7%）。从中国运往俄罗斯的货物 321 万吨，其中满洲里—外贝加尔斯克为 176 万吨（54.8%），二连浩特—扎门乌德—苏赫巴托尔为 38 万吨（11.8%），阿拉山口—多斯托克为 89 万吨（27.7%），绥芬河—格罗杰科沃为 18 万吨（5.6%）。

中国、蒙古国和俄罗斯在幅员辽阔的欧亚地区共同生存、世代邻居，特别是在亚洲东北部地区，中蒙俄三国相互合作，利用三国的优势，克服劣势。尽管中蒙俄三国互为邻国，疆土广阔，自然环境却相差甚远，大型基础设施建设项目的实施，将成为人民互相了解的先决条件。

一、铁路货物运输需求量

铁路货物运输的需求受经济状况、贸易范围、区域市场发展及能矿业和工业部门的相互依存关系等因素的影响。

铁路运输货物周转量受经济条件、贸易水平、区域市场发展、能矿工业等因素影响。铁路部门运载能力受货物需求、供应量等影响。

铁路货物运输需求量受铁路运行机构通行能力的影响。铁路部门运行和通过能力取决于货运车厢数量、机车数量和运力、装卸能力、车站和立交桥数量、交叉线路的长度等。

二、蒙古国铁路货运来源

蒙古国经济在 2015 年至 2016 年呈下滑趋势，2021 年开始增长。随着大型矿业项目的启动，塔温陶勒盖煤矿硬煤和焦煤每年的生产能力可达 200 万 ~ 400 万吨；奥尤陶勒盖铜精矿每年的生产能力为 180 万吨；玉热河铁矿石每年的生产能力为 600 万吨；达尔汗冶金厂冶金产品的生产能力为 24 万吨，铁路运输的总需求量将增长 2.5 倍。

伴随大型矿床开采，将形成居民聚居区和从聚居区到其他地区的交通流量。蒙古国的矿产企业正在积极参与中国市场，未来几年，运输和货运需求也将日益增加。

就目前形势来看，蒙古国每年可出口煤炭为 1 亿吨，但 2016 年计划出口只有 1950 万吨。南戈壁地区至少有 8 个主要煤矿和矿业项目，预计在未来 5 年内开始生产。因此，会出现当地居民人口数增加，地方发展不均衡等一系列问题。总之，运输需求量大幅增加，以便将开采的矿产品运输到市场，为当地人民和企业提供货运和客运服务。

未来的运输量主要取决于中国北部的需求量。中国钢铁企业的产品预测显示，焦煤的需求量有可能进一步增长，这表明蒙古国将成为主要供应伙伴国，并且这种供求可能会持续很长时间。

目前中国进口的铜精矿石约 1000 万吨，奥尤陶勒盖铜精矿至少在一段时间内能够向中国出口其全部产品，约 2 亿吨。

蒙古国现有铁路网每天的通过能力为 11 对火车。根据蒙古国政府铁路政策，若一期、二期工程的新建基础结构得以利用，每天的通过能力将提高至 60 对。三期工程建设的 3600 千米基础结构投入使用后，铁路网每天通过的火车数量将达到 200 对。

蒙古国经普查探明资源 80 多种，1170 多处矿床，8000 多个矿点。包括：金矿石储量 161.9 万吨；银矿石储量 22.7 万吨；铜矿石储量 3630 万吨；铁矿石的储量 6.6 亿吨；锌矿石储量 590 万吨；原油储量 2.5 亿吨；煤炭储量 1750 亿吨（见表 1）。

蒙古国储量丰富的矿床有额尔登特铜矿、奥尤陶勒盖铜精矿、查干苏布日嘎铜钼矿、嘎楚尔特金矿、塔沃图金矿、阿斯嘎图银矿、巴彦高乐铁矿、图木尔台铁矿、特木尔廷敖包锌精矿、巴日吉勒图铁矿等。

如今，蒙古国拓展了能矿业涵盖范围，蒙古国能矿产品占总出口量的 94%。

2012 年，安永集团评估了蒙古国 15 种丰富的矿产资源。据报道，蒙古国铜、煤、黄金和铁矿石的储量价值分别约为 3060 亿美元、1280 亿美元、620 亿美元和 300 亿美元。磷、锌、铀和银储量价值分别约为 280 亿美元、160 亿美元、41 亿美元和 20 亿美元。据国际研究人员和经济学家预测，总储量价值约为 1.3 万亿美元。

表1　2018年和2043年蒙古国能矿行业发展规划　单位：万吨

方位	矿床	种类	用户	2018年	2043年
南戈壁省	塔温陶勒盖	煤矿	中国	1990	3500
	奥尤陶勒盖	铜精矿	中国	90	160
	那林苏亥图	煤矿	中国	140	150
鄂尔浑省	额尔登特	铜矿、钼矿	中国、俄罗斯	55	63
东方省	阿敦朝鲁	煤矿	国内	40	60
	查布	锌精矿	中国	0.1	1.0
	霍特	煤矿	国内	1.2	1.2
	乌兰	锌精矿	中国	1.0	2.0
东戈壁省	查干苏布日嘎	铜矿、钼矿	中国	13	20
	乌日根	水石矿	中国	23	63

续表

方位	矿床	种类	用户	2018年	2043年
肯特省	钱德干塔拉	煤矿	国内	50	200
	巴日吉勒图	铁矿石	中国	40	200
达尔汗乌拉省	特穆尔陶勒盖	铁矿石	中国	100	100
苏赫巴托尔省	塔拉布拉格	煤矿	国内	2	2
	特木尔廷敖包	锌精矿	中国	10	12
中戈壁省	额布都格呼都格、霍特因洪湖日	煤矿	第三国家	130	350
	图布温格图、珠恩涛日木	水石矿	俄罗斯	24	66
	特步新戈壁	煤矿	国内	5	5
中央省	查干达巴	钨矿	中国	0.02	0.02
	查干达巴	钨矿	其他地区	0.02	0.02
	白音达巴	钨矿	中国	0.001	0.005
库苏古尔省	茂高音郭乐	煤矿	国内	3	3
乌布苏省	努日素土浩特格尔	煤矿	俄罗斯	5	100
	哈日塔尔巴嘎太	煤矿	国内	10	10
前杭爱省	巴彦特格	煤矿	国内	7	20
色楞格省	乌兰敖包	煤矿	俄罗斯	200	60
	图木尔台	铁矿石	中国	170	200
戈壁阿尔泰省	塔彦淖尔戈壁阿尔泰省策勒	铁矿石	中国	300	300
	泽格图	煤矿	中国	50	200
合计				3459.341	5848.245

蒙古国政府能源部，http://energy.gov.mn/。

2015 年，共出口矿产品 2100 万吨，预计到 2043 年增长 3 倍左右[①]。

表 1 中，矿产资源的利用和出口的需求正在逐年增加。2014 年，俄罗斯与中国两国贸易额达到 900 亿美元，2018 年，两国贸易额首次突破 1000 亿美元。两国政府对未来向 2000 亿美元迈进这一目标达成共识。

中国向俄罗斯出口的大部分为电子产品、家电和消费品，而俄罗斯向中国主要

---

① 韩国国际合作机构KOICA的KOTI研究小组与蒙古国外交事务部联合制定的《蒙古国铁路基础设施建设总体规划（2013—2043年）》。

出口石油、天然气、煤炭、铁矿石和矿业原材料。这些货物通常会通过外贝加尔斯克—满洲里口岸入境。为应对这种不断增长的贸易量，有必要研究和更新现有的三国铁路中央走廊。

蒙古国铁路运输煤炭总量中，2013 年，巴嘎淖尔煤矿运往第四热电厂的运输量占 46.8%，运往第三热电厂的运输量占 32%，运往第二热电厂的运输量占 5.2%，运往达尔汗热电厂的运输量占 3.4%，运往额尔登特热电厂的运输量占 0.5%，其他热电厂的占 12.2%。2013 年锡伯敖包煤矿运输的煤炭中，运往第四热电厂的占 91.6%，运往其他热电厂为 8.4%。2013 年，自夏林高勒煤矿运输的煤炭中，运往达尔汗热电厂的占 41.1%，运往额尔登特热电厂的占 39.4%，运往其他热电厂为 19.5%。

2013 年，巴嘎淖尔煤矿、锡伯敖包煤矿、夏林高勒煤矿经铁路运输的煤炭运输量分别占总量的 58.7%、30.3% 和 10.9%。

煤炭运输耗时因热电厂与煤矿之间的距离有所差别。单趟运输所需的时间为：巴嘎淖尔—乌兰巴托为 36 小时；锡伯敖包—乌兰巴托为 48 小时；夏林高勒—达尔汗为 24 小时；夏林高勒—额尔登特为 36 小时；苏赫巴托尔—达尔汗为 24 小时；苏赫巴托尔—霍图勒为 36 小时；苏赫巴托尔—额尔登特为 48 小时；奥伦敖包—额尔登特为 120 小时。

目前，蒙古国煤炭运输已占乌兰巴托铁路总运输量的 31%，总运输收入的 8.7%，地方间运输量的 35%，总运输收入的 10.1%。

与 2012 年相比，2013 年交通运输量增长了 7%，但亏损 149 亿图格里克（以下简称图）。换句话说，煤炭运输收入可以抵销支出的 40%。近 15 年来，铁路运输价格上涨，涨幅达 104.7%；煤炭价格上涨了 19.2 倍，涨幅达 1915%（1998 年为 1723 图 / 吨，2013 年为 33000 图 / 吨）。

提高煤炭运输价格不仅是今天所面临的问题，早在 1996 年，世界银行的专家就对煤矿运输价格问题进行了研究。他们认为长期使用能够引起赤字的价格将导致乌兰巴托铁路的财政困难，并建议在 1999 年底调高费率，以防止此类事情发生。

运输的煤炭主要来自巴嘎淖尔、锡伯敖包、夏林高勒、色楞格省乌兰敖包煤矿。焦煤则从蒙古能源有限公司乔伊尔场站运往俄罗斯符拉迪沃斯托克纳霍德卡港，然后向印度出口。色楞格省乌兰敖包煤矿的煤炭运往俄罗斯。蒙古国（MAK）有限公司与其他公司的奥伦敖包站的煤炭运往扎门乌德站，并出口至中国。铁路运输中央经济走廊，可以将蒙古国的煤炭出口到中国最大的焦煤进口省市场——辽宁省和河北省。

中国的工业基地主要为钢铁工业发达的地区，这些地区的钢铁企业的焦煤需求量会进一步上升。与此同时，中国的焦煤开采成本也在不断增长，降低了其竞争力。近年来，中国有色金属企业发展迅速。随着产品质量的提高，该行业的技术创新也不断提高。2012 年，27.7%的铜、45.6%的铅、41.0%的铝、39.0%的锌和 30.4%的镍在中国生产。这些生产都将增加来自蒙古国和俄罗斯焦煤的需求量。

第二节 中蒙俄三国区域发展规划与优先发展区域

一、中蒙俄合作规划中的三个区域

铁路运输与公路运输相比具有成本低廉（每吨千米运输成本至少低 1/3），边境通货能力高（公路运输通常的通关能力为 1000 万吨左右，而铁路运输的通关能力为 2000 万吨 ~1 亿吨）以及高效能的优势。因此，减少运输市场价格波动、降低运输物流成本，对稳定原材料和半成品的供应至关重要，同时为发展负责任的、环境友好型的企业提供安全生产的条件。

在实施《建设中蒙俄经济走廊规划纲要》中所涉及的项目时，彼此信任、紧密联系的合作关系非常重要，且实施的项目既能加速经济发展，又具有社会重要性，应该成为国家民众之间互通互联的桥梁。因此，当前非常有必要对中蒙俄三国经济互相牵引的区域进行研究。

对连接中蒙俄三国的经济互相牵引的地区可以分为三个区域进行研究。

第一，东部区域。俄罗斯东西伯利亚地区东部和远东地区（外贝加尔边疆区、雅库特等），蒙古国东部三省（东方省、肯特省、苏赫巴托尔省），中国东北地区（辽宁、吉林、黑龙江，内蒙古东部的呼伦贝尔市、兴安盟、锡林郭勒盟、赤峰市、通辽市等）与锦州、盘锦、丹东等出海口。

第二，中部区域。俄罗斯东西伯利亚地区中部（布里亚特共和国、伊尔库茨克、克拉斯诺亚尔斯克等），蒙古国中央区域（色楞格、达尔汗、中央、中戈壁、南戈壁、东戈壁、布拉干、库苏古尔、后杭爱、前杭爱等省），中国河北、北京、山西、河南、陕西、山东、内蒙古中部地区和天津、秦皇岛、唐山等港口。

第三，西部区域。俄罗斯西西伯利亚地区（阿尔泰、图瓦、克麦罗沃等），中国西部地区（新疆、青海、甘肃、宁夏、内蒙古西部地区）。

就现状来看，中国东部地区的经济发展迈上了新的台阶，并带动了中部和西部地区的发展。近年来，上述区域发展制造业问题得到重视，对半加工品、未加工原料的需求旺盛。蒙古国经济发展动力不足，但资源丰富，需依靠资源通向中国乃至东北亚市场。与此同时，有必要对俄罗斯的现状进行研究，并将其纳入合作课题。因此，建设具有战略意义的、能满足中蒙俄三国发展需求的铁路运输基础设施，已成为三国发展的必要条件。

绿色环保的煤制油和煤制液化气技术，使低浓度炭具有了吸引力。在蒙古国，高浓度炭分布在南部和西南部地区，而低浓度炭则分布在全国各地，特别是中东部地区分布着很多褐煤。

二、优先发展铁路运输中央走廊

建设连接中蒙俄三国交通运输基础设施走廊的战略目标是，为区域发展提供新的机遇，并促进跨境贸易、投资、旅游、农业生产、环境保护、拓展区域商贸合作，为当地民众提供就业机会。在设计和规划与矿产地相连的铁路路线时应考虑以下四个方面。

第一，战略矿产地通向边境地区铁路建设时应考虑与相邻口岸最近的路线。第二，连接口岸，与邻国国内铁路网相连，以便于蒙古国国内矿产品向第三国出口。第三，尽量利用现有的铁路路线。第四，更新现有的铁路路线，使其得到进一步使用。

《建设中蒙俄经济走廊规划纲要》中涉及建设铁路运输走廊的项目有7个。目前，非常有必要对连接中蒙俄三国的铁路基础设施及运行中的铁路运输中央走廊进行全方位的更新改造。需率先发展有关铁路运输中央走廊的项目。

（1）所有铁路基础设施项目的实施需要考虑其是否具有社会意义和经济效益。一方面，蒙古国10多年的发展经验告诉我们，项目的融资银行和投资机构最先需要明确的信息是该走廊运输的货运量、战略和地缘政治重要性、资本支出、投资项目回报及其偿还期。另一方面，蒙古国近10多年铁路行业的发展历史告诉我们，如果确定项目不具备可行性和低风险的条件，没有彻底的、积极的政策支持，项目可能会在投资和融资阶段终止。在当前蒙古国经济、资金条件的现状下，铁路建设项目可以分阶段投资和建设，而铁路运输中央走廊的项目是最具经济效益，且风险低、回报快、需求旺盛的项目。

（2）在蒙古国内，普遍认为乌兰巴托铁路股份公司所属铁路网沿线藏有大量能源矿山（敖包图的焦煤矿1亿吨左右，宝日温德尔的萤石600万吨，布仁汗的磷矿1.92亿吨，东方省境内的半炼焦煤与无烟煤2亿多吨，额尔登特的铜矿460万吨、钼20多万吨，查干苏布日嘎的铜60万吨，达尔汗、色楞格省区域内的铁矿石7亿多吨，铁路项目沿线的其他地区铁矿石3亿多吨及石煤和铁矿石）。塔温陶勒盖—嘎顺苏海图与塔温陶勒盖—赛音山达方向的铁路项目沿线有塔温陶勒盖的焦煤矿与奥尤陶勒盖的铜、钼、金矿床（67亿吨），那林苏亥图—西伯库伦铁路项目沿线有那林苏亥图煤矿盆地（8亿吨的储量）。

（3）蒙古国铁路网络主干线是属于乌兰巴托铁路股份公司的苏赫巴托尔—扎门乌德方向的铁路干线。铁路网络主干线发展其支线并将其与矿产地连接，对于蒙古国利用矿产发展经济有非常大的意义。当前，在政策上正在积极推进敖包图—额尔登特（未来能够通向俄罗斯的新通道）、宝格达汗铁路、宗巴彦—杭吉、塔温陶勒盖—赛音山达等项目。我们希望与相关国家一起对拓宽该铁路网络，提高运输能力，建设支线铁路等方面进行可行性研究。

（4）连接中国、蒙古国和俄罗斯的铁路运输中央走廊所经过的蒙古国中央区域占全国 GDP 的 78%，基础设施的 89%，基本资产的 76%，科学技术资源的 100%，人口资源的 62.2%，工业产品的 75.3%，农业面积的 64.9%，农产品的 81.4%，畜牧业资源的 23.8%。将这些资源与中蒙俄三国运输经济走廊相结合，成为该铁路运输通道发展中最具影响力的地区。

（5）从俄罗斯布里亚特经中国满洲里口岸至北京的货运列车，需要绕行 3600 千米，而过境蒙古国仅有 2100 千米，缩短铁路运输距离 1500 千米，对中国来说具有重大意义。

（6）在铁路运输中央走廊所经过的地方建立口岸城市、居民聚居区，建设工业园区、跨境贸易区，对于促进中蒙俄三国经济合作具有重要意义。

总而言之，中国、蒙古国和俄罗斯的合作项目需要与三国的工业、基础设施、城市建设项目相结合实施。应纳入连接中国、蒙古国和俄罗斯联邦的交通运输基础设施走廊的规划，对其进行技术和经济的可行性研究，为中蒙俄三国政府提出统一的政策建议。该可行性研究与政策建议可由中蒙俄三国学者共同制定，其具有很强的理论和实践基础。

第四章

蒙古国交通运输中央通道发展现状与愿景

第一节　蒙古国铁路发展现状与愿景

一、蒙古国和俄罗斯联合控股的乌兰巴托铁路股份公司的发展历程

铁路运输是国内与国际间，为将货物、旅客等从一个地方按时运输至另一个地方并提供服务的一个连续的生产过程。铁路运输业的发展，技术水平和运营方向取决于该国的自然和气候条件，生产力以及道路状况。运输是通过各种类型的运输工具将旅客或货物从一个地方运输至另一个地方时所产生的关系和服务。

（一）国际铁路发展现状

截至 2017 年，151 个国家的铁路总长为 1370782 千米，包括美国 250000 千米、俄罗斯 175236 千米、中国 127000 千米。此外，印度、加拿大、德国、澳大利亚、巴西、阿根廷的铁路行业也高度发达。蒙古国拥有铁路长度为 1810 千米，在 151 个国家中居第 75 位，如表 1 所示。

表1　全球部分国家铁路、电气化铁路长度及在全球铁路长度占比情况

国家	年份	铁路长度（千米）	占比（%）	电气化铁路长度（千米）
美国	2014	250000	18.2	<1600
俄罗斯	2017	175236	12.7	104303
中国	2017	127000	9.2	80000

续表

国家	年份	铁路长度（千米）	占比（%）	电气化铁路长度（千米）
印度	2017	66687	4.8	30012
加拿大	2009	46552	3.4	129
德国	2010	43468	3.1	19973
澳大利亚	2010	38400	2.8	2715
巴西	2014	37743	2.7	6988
阿根廷	2007	35900	2.6	136
蒙古国	2008	1810	0.1	0

资料来源：世界铁路网，2017年。

由表 1 可知，美国铁路长度在世界上位列第一，其次是俄罗斯和中国。这三个国家的铁路约占世界铁路总长度的 40%。俄罗斯电气化铁路长度为 104303 千米，位居世界第一，中国为 80000 千米，印度为 30012 千米，德国为 19973 千米。瑞士所有铁路均为电气化铁路，瑞典的电气化铁路占 65%，意大利、奥地利、西班牙的电气化铁路占 50%。

虽然美国、俄罗斯、中国、印度、澳大利亚等国家有巨大的铁路网络，但其密度相对较低。亚洲、拉丁美洲和非洲的铁路密度在 10 千米 / 万平方千米左右，铁路发展仍是薄弱环节。铁路密度高的国家有西欧的比利时，为 130 千米 / 万平方千米，捷克共和国为 120 千米 / 万平方千米，意大利为 70 千米 / 万平方千米，德国为 56 千米 / 万平方千米，日本为 53 千米 / 万平方千米，相较而言，美国为 14 千米 / 万平方千米，中国为 6 千米 / 万平方千米，俄罗斯为 5 千米 / 万平方千米。

（二）蒙古国铁路发展历程

铁路建设对蒙古国社会经济发展具有重要影响。历史学家认为，蒙古国在苏联西伯利亚铁路和中国东北铁路的基础之上建设了第一条铁路。当时，蒙古国铁路的建设不仅对俄罗斯和中国有吸引力，对欧洲也有吸引力①。

蒙古国的铁路历史可以追溯到 20 世纪 30 年代后期。随着国家经济的重大改革，

① https://en.wikipedia.org/wiki/List_of_countries_by_rail_transport_network_size.

特别是 1934 年在乌兰巴托建立工厂之后，产生了建设铁路的特别需求。

1925—1942 年，蒙古国的运输行业只是单纯依靠公路运输，1942 年以后有了铁路运输，并成为国民经济中独立的行业。当时，为了在乌兰巴托与纳莱赫之间运输煤炭，在苏联的资金和技术的支持下，修建了 43 千米的铁路，于 1938 年 7 月 11 日投入使用，成立了乌兰巴托铁路。随后于 1939 年为运输苏联军队的武器，在苏联的索洛维耶夫斯克—巴彦图门之间建设了 237 千米的首个宽轨铁路，并投入使用[①]。

1949 年 6 月 6 日，蒙古国同苏联政府在乌兰巴托市签署政府间协议，决定以各自出资 50% 的份额成立乌兰巴托铁路股份公司，有效期为 75 年。蒙古国的投资中对铁路基础结构占用地进行了评估，将使用总面积以 1 万公顷计算，按当时价格 1200 万图计算了其报酬。

根据协议，1955 年 12 月 31 日苏赫巴托尔—乌兰巴托—扎门乌德方向的铁路路线建成通车，蒙古国拥有了与邻国相连的 1115 千米铁路。中蒙苏三国政府于 1956 年 1 月 4 日发表联合公报公布了上述事宜。受当时世界大国力量关系、政治条件等因素影响，蒙古国首都乌兰巴托、苏联首都莫斯科和中国首都北京在如此短的时间内以铁路相连。1955 年客运列车开始运营，该铁路既可以运输南北两个邻国经过蒙古国领土的乘客和货物，也可以运输中国国内货物，在中国经济发展中起到了重要作用。具体来说，1959 年运行莫斯科—北京的旅客列车，1975 年开通乌兰巴托—北京的旅客列车。

二、蒙古国和俄罗斯联合控股的乌兰巴托铁路股份公司的发展现状

乌兰巴托铁路的基础结构有 1815 千米，是两条轨距为 1520 毫米的线路。随着全球化进程和世界各国经济的发展，蒙古国和俄罗斯经济社会发展的需求不断提高，中国、蒙古国、俄罗斯间货运呈增长趋势，迫切需要对 1949 年签署的乌兰巴托铁路协议进行修改。目前，蒙古国铁路的总长度为 1810 千米，其中 1105 千米为从北

---

① “Монгол Улсын төмөр замын үүсэлт хөгжилт” http://www.spc.gov.mn/.

部边境线到南部边境线的连通亚欧的铁路路线。该组织雇用了 14676 名员工，提供 60 ~ 70 种服务，是全国最大的铁路服务提供商。

乌兰巴托铁路是蒙古国的重要基础设施（承担蒙古国货运量的 75%、客运量的 25%），同时在中国、俄罗斯的货运和客运发展中也承担着重要任务。

（一）乌兰巴托铁路股份公司运营现状

1990 年蒙古国进入市场经济体制时期，过境蒙古国的外国游客、旅客增多，“乌兰巴托—莫斯科”国际客运 5 次、6 次列车客运量也随之增长，在旅客运输方面，1990 年长途和地方铁路线路的载客率在 100% 以上，而 2010 年降至 77.7%，2015 年降至 65.1%。沿铁路铺设的硬化公路已投入使用，公路运输为铁路运输带来了不小的分流压力。此外，导致铁路货运量下降的因素主要有：①蒙古国经济下滑导致运输量下降；②乌兰巴托铁路股份公司的投资有限，导致动力机组的缺失，限制行驶的障碍区域，道路基础部件的老化和磨损影响运输安全水平，为货物托运带来负面影响；③铁路货运与其他运输（空运、汽运）方式相比，竞争力下降；④旅客运输，非核心运营部分和社会服务的缺失；⑤与区域内其他铁路路线相比发展疲软；⑥铁路中央走廊与其他运输行业的结合能力较弱；⑦没有柔性费率调节机制，费率政策稳定性差；⑧员工激励机制效果差；⑨国家经济发展条件欠佳导致运输量减少；⑩洲际运输通道可能绕过蒙古国；⑪外汇价格不稳定可能导致外汇收入下降；⑫没有在亏损路段（客运）运输煤炭与其他货物的可能性；⑬投资政策弱、投资来源不足，可能会使铁路基础结构更新迟缓，使（过境）货运量减少；⑭蒙古国没有修建乌兰巴托铁路复线或新建铁路的资金来源，乌兰巴托铁路基础结构陈旧，不具备重型高速列车行驶的条件；⑮苏赫巴托尔、扎门乌德口岸没有通过大量过境货物的能力；⑯这样的情况若继续下去，将不能满足运输需求，从而造成铁路技术显著落后于邻国的状况，进而严重影响该公司的成长与发展；⑰乌兰巴托、达尔汗和额尔登特以外的车站没有卸载设备。

随着蒙古国交通基础设施的快速发展和新城市的陆续建成，旅客运输系统的服务范围将扩大，邻国的国际客运列车能够通过蒙古国。

国际铁路客运 5 次、6 次列车运价根据《国际铁路客运运价规程协约》而定（见表 2 至表 6）。

表2　2010—2017年“乌兰巴托—莫斯科”国际客运列车运行次数、里程、旅客人数

年份	运行次数（次）	运行里程（千米）	车厢数（节）	旅客人数（人）
2010	41	256865	380	9156
2011	38	238070	376	8882
2012	38	238070	377	7672
2013	38	238070	361	7072
2014	37	231805	389	6435
2015	37	231805	389	7771
2016	38	238070	385	6855
2017	9	56385	68	815
合计	276	1729140	2725	54658

资料来源：蒙俄合资乌兰巴托铁路股份公司，http://ubtz.mn/。

表3　2014—2016年“乌兰巴托—莫斯科”国际客运列车运输利润/亏损核算

国际旅客运输指数	2014年	2015年	2016年
铁路运价（图/人千米）	38.44	69.7	99.5
实际成本（图/人千米）	111.8	108.6	160.2
成本收入比（%）	36.4	64.2	62.1
客运量（万人次）	15.39	14.19	11.47
客运周转量（百万人千米）	89.2	80.3	63.7
收入（万图）	343007.9	368691.9	634769.8
支出（万图）	998374.7	871819.3	1021305.5
利润（亏损）（万图）	-655366.8	-503127.4	-386535.7
合计（万图）	20397364.0	17803486.0	20426610.2

料来源：蒙俄合资乌兰巴托铁路股份公司，http://ubtz.mn/。

表4　2017年1月“乌兰巴托—莫斯科”国际客运5次、6次列车单程费用

单程每人次票价		5次、6次列车旅客票价	单程每人次在俄罗斯境内运行（5869千米）乌兰巴托铁路股份公司所支付的费用		
瑞士法郎	图格里克（2017年4月4日汇率）	图格里克	瑞士法郎	图格里克	亏损（万图）
22587	559700	430000	192	475776	45776

资料来源：蒙俄合资乌兰巴托铁路股份公司，http://ubtz.mn/。

表5　2016年“乌兰巴托—莫斯科”国际客运5次、6次列车单程费用核算　单位：万图

费用支出分类	费用
工资	119005.8
社保费	15470.8
材料费	6.47
燃料费（煤）	3037.5
交通差旅补贴	26.46
污水处理费	990.6
合计	138537.63

资料来源：蒙俄合资乌兰巴托铁路股份公司，http://ubtz.mn/。

表6　2016年“乌兰巴托—莫斯科”国际客运5次、6次列车费用核算　单位：万图

支出：行政部门、业务部门及其他	工资、社保费、材料费、电费和其他费用	172.5
总费用		222884.7
质量成本		0.21
技术服务费		590.3
基础设施费		26809.5
价格		469024.0
总费用		719329.8
收入		246430.1
利润（亏损）		−472899.7

资料来源：蒙俄合资乌兰巴托铁路股份公司，http://ubtz.mn/。

由表 2 至表 6 可知，乌兰巴托铁路股份公司“乌兰巴托—莫斯科”客运列车 2016 年客运量为 6855 人次，一人往返票价为 916552 图格里克，以 627588.96 图格里克的差价亏损运营；该班次列车在蒙古国运行里程为 379 千米，在俄罗斯境内运行里程为 5869 千米，根据《国际铁路客运运价规程协约》单程每人次票价为 22587 瑞士法郎或 559700 图格里克。然而乌兰巴托铁路股份公司定价为 430000 图格里克，单程每人次在俄罗斯境内运行乌兰巴托铁路股份公司所支付的费用为 475776 图格里克（优惠 30% 的价格），单程亏损 45776 图格里克。

表7　2010—2016年乌兰巴托铁路股份公司客运量　单位：万人

客运量	2010年	2011年	2012年	2013年	2014年	2015年	2016年
国际客运量	13.38	13.55	16.37	16.63	15.38	14.19	11.48
国内客运量	422.50	298.27	335.25	366.58	384.62	363.94	253.02
客运总量	435.88	311.82	351.62	383.21	400.0	378.13	264.50

资料来源：蒙俄合资乌兰巴托铁路股份公司，http://ubtz.mn/。

如表 7 所示，国际客运量 2013 年最高，达 16.63 万人次；国内客运量 2010 年最高，达 422.50 万人次；2016 年最低，为 253.02 万人次。2014 年增至 384.62 万人次，2016 年降至 253.02 万人次。额尔登特公路、乌兰乌德公路分别于 2009 年和 2013 年全线开通，其导致铁路客运量下降。

2015 年乌兰巴托铁路国际客运量为 14.19 万人次，2016 年为 11.48 万人次，同比下降 19%。国内、国际客运总量从 378.13 万人次下降至 264.50 万人次，下降幅度为 30%。造成客运量下降的原因是库苏古尔公路建成后，较多人选择公路客运车辆和私家车出行。

如表 8 所示，乌兰巴托尔—苏赫巴托方向国际客运列车票价非常低，该票价是参考国内客运列车票价而定的。

表8　　国际客运列车国内票价（北线）　　单位：图

列车运行路线	票价		
	成人	儿童	
		卧铺	硬座
乌兰巴托—苏赫巴托尔 苏赫巴托尔—乌兰巴托	45200	28000	17300

资料来源：蒙俄合资乌兰巴托铁路股份公司，http://ubtz.mn/。

表9　　“乌兰巴托—莫斯科”国际客运5次、6次列车行李、包裹运价和费用

（“俄罗斯铁路”公司瑞士法郎/图格里克）

距离（千米）	运输费				卧铺包厢票价							
	2等硬卧		1等硬卧		2等硬卧		2等4人包厢硬卧		1等4人包厢软卧		第一类1等2人包厢软卧	
	瑞士法郎	图格里克	瑞士法郎	图格里克	瑞士法郎	图格里克	瑞士法郎	图格里克	瑞士法郎	图格里克	瑞士法郎	图格里克
11401～11500	0.52	1034	1.03	2047	1.56	3100	2.07	4114	2.60	5167	3.11	6180

资料来源：蒙俄合资乌兰巴托铁路股份公司，http://ubtz.mn/。

蒙古国人口自然增长率为 1.83‰，地方乘坐火车出行人数占当地人口的 70%，因人口的增长，每年平均客运量增长 50000 人次。

乌兰巴托铁路股份公司将 2013 年定为“提高运输质量指标年”，2014 年为“提高运输能力年”，2015 年为“提高运输服务质量年”，2016 年为“优化经营环境年”。

2016 年，日运行列车为 14.4 对，增加车次后铁路网效能得到提升，年货运量达到 2500 万吨，客运量达到 420 万人次。乌兰巴托铁路的运输量受季节影响，增减幅度为 11% ~ 15%。虽然 2011—2014 年对铁路车场进行了改造，运输量得到了一定的提高，但宗哈拉—乌兰巴托、乌兰巴托—乔伊尔路段的阻碍和车站效能低导致运输量受到限制。

乌兰巴托铁路现在货物运输能力比 1990 年增加 1.6 倍，比 2000 年增加 1.4 倍，比 2010 年增加 1.2 倍，客运量比 1990 年增加 1.7 倍，比 2000 年增加 1.5 倍，比 2010 年下降 0.1 倍。铁路基础设施、货运、客运车场没能及时进行更新改造，检修基地设备老化等原因影响了货物运输能力的提高。1990 年货物运输能力利用率为 96.6%，1995 年下降至 49.3%，虽然至 2013 年相对稳定，但 2014 年开始下滑，2015 年降至 76.6%，货物运输量为 1915 万吨。

乌兰巴托铁路行驶方向以上行列车为主，每天各区间上行列车比下行列车多 3 车多，乌兰巴托市热电厂所需的煤要从巴格淖尔区煤矿运输，因此在这条线路上上行列车较多。

1990—2005 年，客运能力指标利用率达 100% 以上，2008 年达 107.5%，2010 年达 77.7%，2015 年达 65.1%。南段即乌兰巴托—扎门乌德—乌兰巴托线要比北段即乌兰巴托—苏赫巴托尔—乌兰巴托线客流量多 2.3 倍。主干线下行方向空车占大部分，占货车流量平均值的 73%，个别区段达 90%。

2013—2015 年，乌兰巴托铁路股份公司自筹资金仅完成 4 个铁路新道口的安装工程和乌兰巴托 2—乌兰巴托—陶勒盖特—乌兰巴托 2 第二条路线建设，对两座车站（阿拉坦高勒、沙尔基敖包）进行改造，日通过能力达到 14 对列车路线，运输能力提高 300 万吨，降低了维修成本，并且机车乘务组的机车交路延伸等提高了列车运行的效率。乌兰巴托铁路质量指标与 2011 年相比区段速度提高 14.9%，技术速度提高 10.1%，机车运用效率提高 18.0%，货运周转量提高 1.7%。乌兰巴托铁路通过能力每天增至 14.4 对列车。

2015 年，乌兰巴托铁路通过能力利用率为 75.7%，通过能力最高区间是乌兰巴托—巴嘎杭盖段，最低区间是达尔汗—宗哈拉、乔伊尔—赛音山达段。

近些年，俄罗斯政府对蒙俄合资乌兰巴托铁路股份公司的支持力度不断加大，涉及该公司的问题成为蒙俄政府间委员会会议商讨的主要事宜。这与亚洲地区和太平洋沿岸地区国家之间经济合作日益密切、通过蒙古国国土的跨境运输量不断增加有关。

（二）乌兰巴托铁路股份公司人力资源状况

截至 2016 年，乌兰巴托铁路股份公司共有 14625 名员工，其中包括 20 名外籍员工和 11140 名专业技术人才。该公司 2016 年人力资源状况说明，至 2030 年乌兰巴托铁路股份公司人才储备充足，人员供给大于需求。

该公司全体员工中，工人占 75%，其中 42.8% 的工人拥有中等教育学历。多年来，公司年龄结构的合理化保证了新老员工的交替、知识经验的传承、人才的不断优化。全体员工中 18 岁以上员工占 61.3%。全年新招 440 名员工，公司对 897 名员工进行了技能专业培训，其中 368 名员工（41%）在道路运输学院附属技校参加了培训，256 名员工（28.5%）在职业培训中心进行了技能培训。如果乌兰巴托铁路股份公司运输工作量从目前的 1220 吨 / 千米增长到 2030 年的 2360 吨 / 千米估算，2017—2030 年需要招聘 471 名新员工。

乌兰巴托铁路股份公司结合具体工作性质、生产和技术特点与职工签订集体合同，为职工提供社保、补助、优惠待遇。为了招纳更多运输专业技术人才，使公司可持续发展，设立了住房（科技公寓）专项基金，采取相关优惠措施改善了困难职工的住宿条件。例如，2010 年结合员工具体工作年限，根据贷款购房方案为第一批 1600 名职工提供了新住房。为了提高铁路工人的专业知识和技能，需要提高道路运输学院、职业培训中心的教学质量，需要培训教师，加强对外交流，提升人才培养水平。

在社会保障政策框架内采取为铁路员工提供住房，提供高水平全面的现代医疗服务，修缮中心医院，设立服务车厢，列车上的销售服务要符合职工的需求，增加职工幼儿园的数量等相关的措施。

（三）乌兰巴托铁路股份公司技术条件现状

目前，乌兰巴托铁路股份公司铁路基础结构现状不完全符合列车安全运行要求，具体而言，1115 千米主干线铁轨的 60% 为木制轨枕，其中 401 千米（36.1%）超过了检修周期，半自动闭塞系统和出站信号机系统设备已老化，因此，专家们认为铁路运输通过能力上限是 14 对列车，2600 万吨货物。铁路养护修复工作量逐年下降，超过检修周期的路段越来越长。铁路基础设施构成部分（钢轨、轨枕、道床）修复养护不及时，损耗量增加，对铁路运输安全运行带来负面影响。30% 的车站与道口的出站信号机系统设备没有 RCCM 式转换信号且已使用 30 ~ 40 年，设施设备的技术养护服务所用时间较长，车站换装作业存在安全隐患，还在使用不符合现代技术要求的系统。

乌兰巴托铁路股份公司铁路沿线车站、支线、铁路桥涵等 82 处设施、132 个道口（有人看守道口和无人看守道口）防护设施和巴彦图门工务段由 6 个班组负责养护维修。乌兰巴托铁路有 1844 千米使用 P50、P65 型号钢轨，每千米线路上铺设轨枕 1840 根。

铁路线总长度的 14.9%（215 千米）为平坦，85%（1342.34 千米）有坡度，主干线转弯半径小于 600 米路段长 138 千米，有 287 个弯道，转弯半径小于等于 350 米路段长 54 千米，将转弯半径的长度增加到最小半径 600 米以上，需要在 160 千米路段增加转弯半径的长度。铁路路线 491 千米为曲线。

乌兰巴托铁路主干线最大坡度为 18%，最小弯道半径为 298 米，主干线全部弯道中 54% 的弯道半径小于 650 米。根据俄罗斯道路运输部部长 1994 年 8 月 16 日签发的第 12 号决议第 1 附件，参考蒙古国铁路 2012 年度运输量的增长和货运列车与客运列车最高时速，铁路等级被定为 D 组第 3 类 3 级或 4 级。

根据该等级道路技术条件和规范铺设 P65 型号钢轨 1 组 1 级路轨，大于 1200 米直线路段每千米铺设 1840 根轨枕，弯道半径小于等于 1200 米弯道路段每千米铺设 2000 根钢筋混凝土轨枕和木制（第一组）轨枕，钢筋混凝土轨枕下铺 30 厘米厚的碎石道床，木制轨枕下铺 25 厘米厚的道砟道床。

铁路全线有132个道口，其中一级道口2个，二级道口3个，三级道口7个，四级道口120个；有人看守道口16个，无人看守道口116个。

（四）乌兰巴托铁路股份公司铁路运输移动设备情况

乌兰巴托铁路股份公司铁路运输移动设备、工程设施老化占比较高，例如，1947—1956年修建的桥梁、人造设施接近使用年限，货运和客运车场已达到使用年限的53% ~ 57%，固定资产登记的138辆内燃机车中67辆（占48.6%）已超出使用年限。

铁路运输移动设施老化，一些车站货运能力较低，出站信号机系统稳定性较差，铁路线路大修周期和检修时间跨度较长，公司有必要进行技术革新。由于机车没有在检修周期内进行检修，超出规定运行距离，因而非计划内的维修量和检修成本费用将会增加。为了保障机车内燃机正常的运行，需要尽快采取措施，改善配件设施功能，提高检修效率，设立专门检修机车内燃机的机车检修库，检修成本较低的机车内燃机需要进行技术更新并制定机车检修新制度。

铁路运输移动设施与安全可靠的铁路基础设施是铁路安全运行的保障。该公司有6085节车厢在册，其中2792节（占比为45.9%）车厢属于乌兰巴托铁路股份公司，3293节（占比为54.1%）车厢属于私营企业。乌兰巴托铁路股份公司已到使用年限的货运车厢有1666节（占比为59.7%），客运车厢有294节，其中213节（占比为72.4%）车厢已使用25年以上，178节（占比为60.5%）车厢已到使用年限需要从登记册中移除，还有16节货运车厢将要从登记册中移除。因未能及时对车场运输移动设备进行系统的更新，车场设备老化，出现车厢紧缺情况。因铁路运输移动设施损耗较大，不能完全保障列车安全运行，降低铁路运输技术的安全性导致养护和维修产生大量费用。为了更新车场，控股双方（蒙、俄）共用2.5亿美元购买主干线机车35台、调车机车11台、客运车厢15节、一辆通勤大巴、测试车厢、测距车厢—实验室等，提高了技术水平。

蒙古国自从进入市场经济体系后，铁路货运量不断增加。1990年之后世界各国宏观经济环境持续改善，中国与俄罗斯贸易额不断增长，蒙古国的出口额也在持续增长，这些促使铁路货运量也随之增长。2012—2014 年年货运量可达到 2100 万吨以上，2015 年有所下降，为 1915 万吨。

2014 年过境蒙古国的中转运输货运量为 206 万吨，其中 84.0% 为俄罗斯发往中国的，16.0% 为中国发往俄罗斯的。2015 年过境运输量达 232 万吨，其中 91.8% 为俄罗斯发往中国的，8.2% 为中国发往俄罗斯的，总量增长 12%（见附件 1）。

2015 年俄罗斯经蒙古国境内向中国出口的主要产品构成：石油占比为 56.1%，动植物油脂占比为 1.4%，木制品占比为 38%，化学产品占比为 1.6%，化肥占比为 1.4%，金属占比为 0.3%（见附件 2）。

2014 年中国经蒙古国向俄罗斯出口的主要产品构成：沥青占比为 1.6%，褐煤占比为 3.6%，食品占比为 0.1%，化学产品占比为 4.7%，其他产品占比为 3.6%，机械设备占比为 11.9%（见附件 3）。

中欧班列过境蒙古国的集装箱列车数量每年都在增长。2014 年 8 列，2015 年 73 列，2016 年 167 列，2017 年预计达到 456 列。公司主席德·吉格吉德尼玛在国际铁路大会上表示乌兰巴托铁路不用增加投资额，目前的过境运输能力为年通行 500 列集装箱列车。为解决上述问题，在“一带一路”框架内发展过境蒙古国通道和集装箱班列，相关问题研究可借鉴中国内蒙古自治区专家对乌兰察布市通道的研究来举例说明。

建设过境蒙古国“乌兰察布—乌兰巴托—乌兰乌德”经济通道，应在乌兰巴托市和乌兰乌德市建设运输物流中心。“乌兰察布—乌兰巴托—乌兰乌德”通道可以通过 50% ~ 60% 的集装箱列车，剩余的 40% ~ 50% 的集装箱列车可以通过目前的“中国—莫斯科—欧洲”通道后再经乌兰乌德集疏运中心运输至俄罗斯各地。

“乌兰察布—乌兰巴托—乌兰乌德”通道还可以通过汽车运输货物。上述城市建设运输物流中心后可以创造以下有利条件：①可根据列车运行图在物流中心之间组织集装箱班列运行；②双向运行集装箱班列、列车、汽车货运；③采用运输先进技术（运行途中换轮）减少运输成本；④利用短线运输使三国边境地区客运列车、货运列车、集装箱列车便利通关；⑤使用互联网办理通关手续，推行无纸化办公系统；⑥缩短跨境运输时间；⑦可以保证运输货物的完整性；⑧可以集中提高跨境运输能力的投资资金；⑨促进参与短线运输的边境地区的经济发展。

（五）乌兰巴托铁路股份公司的宗旨和目标

乌兰巴托铁路股份公司的宗旨是挖掘发展潜能，创造机遇，在此基础上提高运输服务质量，扩大服务受益面。虽然国家宏观经济面临诸多困难，但公司保持着稳定的运营，利润为正值。客运运输领域亏损是因为再融资困难和一些非核心部门利润为负值。不灵活的运价政策使运价增长率跟不上市场价格的增长率，导致营运亏损；缺乏灵活协调机制导致投资额下降，阻碍发展。近 5 年投资额只有 5800 亿图格里克（约 16 亿元人民币），其中在基础设施建设和更新设备方面各投入 45% 的资金。这些投资为铁路更新改造和建造创造了条件，保障了货物运输的有效运营，降低了运输成本。

2017 年被定为纪律作风建设年，作为运输质量主要指标的区段运行速度从 2012 年的 39.28 千米/小时提速到 2016 年的 45.6 千米/小时，列车周转时间从 2012 年的 3.59 天提速到 2016 年的 2.9 天。近 30 年，通过国家和政府的支持与帮助，乌兰巴托铁路股份公司运输能力提高了 2 倍。

三、乌兰巴托铁路股份公司旅客运输环境分析

（一）人口环境

蒙古国人口环境对铁路行业发展有着直接和间接的影响。人口环境因素包括人口增长率、年龄结构、人口移动、铁路沿线各省人口集中情况、劳动力需求等，这些因素直接影响着铁路行业的发展。截至 2017 年 1 月 1 日，蒙古国全国人口为 311.99 万，其中男性人口为 153.4 万，女性人口为 158.59 万。

（二）国际环境

蒙古国位于中国和俄罗斯之间，连通欧亚。其地理位置具有重要战略意义，可以通过发展过境运输，统筹国内和国际跨境客货运输，达到建设高效、安全、便捷、畅通的现代水平的“通道运输”国家的目的。蒙古国发展过境运输的有利条件之一是运输距离。俄罗斯东部地区公路网较少。蒙古国公路发展跨境运输效益较小。途经西伯利亚大铁路发展过境运输因运输距离长成本较高，所以乌兰巴托铁路有很大优势。乌兰巴托铁路从 1949 年以来开展着双边和多边合作，1953 年成为国际铁路联盟会员，与亚洲和欧洲多个国家铁路机构有着多年合作关系。

（三）文化因素

乌兰巴托铁路股份公司的服务不仅包括国内服务，还涉及国际服务，所以很有必要吸收和借鉴其他国家的优秀文化。随着经济全球化对国际关系的影响，国与国之间彼此影响也不断加大，很有必要学习他国优秀文化来提升乌兰巴托铁路品牌价值和提高国际旅客与伙伴的满意度。除此之外，企业内部文化价值观，乌兰巴托铁路员工、管理层需要树立主人翁意识，将企业文化提升到新的水平。管理层与员工、员工与服务对象之间树立相互理解、相互支持、互利共赢的核心价值观，通过企业文化建设，统一思想，形成整体意识，杜绝推诿扯皮现象，各部门团结协作，从回答客户咨询电话的语气、列车上的微笑服务等细节做起，合力做好市场营销，品牌打造，进一步满足客户需求。

（四）政治环境

政治环境对铁路影响非常大，乌兰巴托铁路的股份分别归属蒙古国政府和俄罗斯政府，各占 50% 重大事项都须经联合会议决定，须满足双方各自的利益。从俄罗斯丰富的自然资源地区过境蒙古国向亚洲运输有较高的经济效益，也为中方开展友好的国际合作创造了机遇。乌兰巴托铁路是国有企业，国有股份占比由当届政府决定，而这又影响着全局。乌兰巴托铁路遵循多个法律规定，国家政府出台的一些相关法律法规有利于乌兰巴托铁路的发展，但也有一些法律法规对公司运行有负面影响。例如，针对旅客出台的《蒙古国铁路运输法》等。

（五）技术条件

乌兰巴托铁路移动设施配件老化，80% 的机车已过使用年限，18% 的车皮使用年限已超过 35 年。因乌兰巴托铁路车皮数量不足，所以从俄罗斯铁路租用 450 节车皮，不够用时还会从俄罗斯私企租用。乌兰巴托铁路技术设备落后，仍使用传统方式售票，但也逐渐借鉴世界先进技术，开始采用网络售票和智能手机售票等方便途径。

（六）工艺、技术、基础设施情况

目前，蒙古国采用的列车控制信息系统与世界发达国家采用的安全性非常高的自动系统相比，在信息技术、服务情况、运行速度以及其他数据方面有明显的差距。目前使用的多数系统和设备都是 20 世纪六七十年代的产品。铁路的技术、工艺现状与发达国家相比落后 20 ~ 40 年，而这种差距也在逐年扩大。通过近 5 年统计数据看，年平均货运量为 14 千万吨 ~ 21 千万吨，铁路运输量的不断增加已超出了主干线负荷。

（七）经济因素

铁路客运量和货运量都与经济发展密不可分。蒙古国铁路运输受国内生产总值的增长和铁路国内运输影响较大，生产、需求、投资量的增长会产生货运流，国内生产总值的增长直接影响货运周转量，货运周转量较大的矿产业项目将开始实施，随着毗邻国家之间的关系不断深入，国内和国际过境运输周转量在不断增长的同时，客运周转量也在增长。

表10　　乌兰巴托铁路客运SWOT分析

优势	劣势
（1）客户认知价值，市场品牌价值； （2）安全和可靠的服务； （3）价格低； （4）经验丰富； （5）财务能力强； （6）合理的地理位置； （7）受自然恶劣气候影响相对较小； （8）与其他交通工具相比有列车运行图； （9）有独立的检修基地； （10）有高水平的专家人才队伍； （11）连接蒙古国人口较多的大省市； （12）比其他交通工具舒适	（1）列车速度较慢，运行时间较长； （2）客运列车老化； （3）列车检修设备老化； （4）客运列车条件不符现代要求（淋浴、真空厕所、互联网、电视系统）； （5）污染环境（属蒸汽火车，烧煤，没有真空厕所）； （6）没有灵活的运价政策； （7）客运检修部门之间协调性不足，没有及时互换信息的自动系统，不符合现代要求
机遇	**威胁**
（1）毗邻国家共同的利益、立场，铁轨宽度相同（俄罗斯和蒙古国）； （2）铁路沿线省市人口增长率较快； （3）随着矿产业的发展会产生新的人口集中地，带动相关服务产业的诞生和发展； （4）随着与中国的贸易额增长，客运量也会随之增长	（1）竞争者的发展（国内铁路沿线公路的快速发展，开通国际航线等）； （2）国家对公路运输领域国际标准公路网建设投入力度加大； （3）50%的客运车场老化，已达到使用年限； （4）未来可能诞生私营铁路客运公司与我们竞争

资料来源：课题组根据相关材料统计整理。

由表10可知，需要进一步巩固铁路客运自身优势，产业转型升级，把握机遇，改善现状，遇到困难时采取有效的措施予以解决。根据上述分析，铁路客运需要采取以下措施：①高列车的技术能力；②更新客运列车车场；③打造符合时代要求的火车站综合服务体系；④加强对服务人员的工作和交际能力培训；⑤培养对外联系和市场营销专业人才；⑥有序有步骤地落实技术更新和相关投资；⑦增加各种用途车皮的数量；⑧提高服务质量以提高乘客出行舒适度；⑨采取积极的营销策略（广告宣传）；⑩改善餐车的服务质量；⑪提高铁路行李运输服务质量；⑫实行报站；⑬节假日增加车次；⑭开通运营火车无线 Wi-Fi 服务系统；⑮注重地方列车的装备升级；⑯售票服务更加贴近消费者需求；⑰改善工作人员工作环境；等等。

（八）乌兰巴托铁路股份公司的发展潜力

乌兰巴托铁路股份公司作为蒙古国唯一一个蒙古国—俄罗斯联合股份公司，在国内市场享有很高声誉，有着多年的运营经验，包括①运输价格较低，运输量增长的潜力巨大；②每年的运营利润不断提高；③有自己的铁路运输移动设备检修基地；④为安全运行和货物的完整性提供保障；⑤货物运输领域盈利；⑥有经验丰富的人才队伍；⑦融入国际运输通道的潜力巨大；⑧可自行引资，可获国家和政府支持；⑨与蒙古国政府和俄罗斯政府部门有着密切联系与合作；⑩有扩大铁路网、提高运输能力和检修能力的潜力；⑪可完善基础设施；⑫铁路通过能力可提高至1亿吨等。

（九）面临的考验和困难

基础结构中有几处阻碍运输能力提升的路段，需要处理乌兰巴托市两端和东戈壁省杭吉淖尔大坝（乌兰乌拉山—萨芒昭段）附近的铁道坡和转弯半径。需要完善和增加铁路车场，提高车站和道岔的通过能力等，有步骤地采取相关技术措施，可以在短期内进一步提升乌兰巴托铁路运输能力。乌兰巴托铁路运输方向与矿山位置和出口货物方向有关，以额尔登特、达尔汗、玉热、艾里格、包日温都尔、赛音山达站至扎门乌德（上行列车）为主，乌兰巴托市热电厂所需的煤炭需要从希伯敖包和巴嘎淖尔区煤矿运输，因此，乌兰巴托市—巴嘎淖尔区运输方向以下行列车为主。扎门乌德—二连浩特口岸出口的铜、铁矿石、煤炭运输有“路线运输”的特点，返程时是空车，下行列车的空车车流的增加对列车运输有负面影响。

四、乌兰巴托铁路股份公司改革方案

（一）乌兰巴托铁路货运三种改革发展方案

乌兰巴托铁路股份公司基于货运和客运研究，制订“乌兰巴托铁路2030年改革方案”（以下简称方案），具体方案如表11至表13所示。

表11　　方案一：最低目标“缓速发展，运输量小幅增长”　　单位：百万吨

种类	方向	2020年	2025年	2030年
国内运输	蒙古国	8082	9552	11790
出口	至中国	9219	10896	13449
	至俄罗斯	97	114	141
进口	从中国	1249	1476	1822
	从俄罗斯	1273	1505	1858
过境	从中国	319	377	465
	从俄罗斯	2240	2648	3268
合计		22479	26568	32793

资料来源：蒙俄合资乌兰巴托铁路股份公司，http://ubtz.mn/。

表12　方案二：中等目标“货运量中速增长、有实质的增长、有层次的增长”单位：百万吨

种类	方向	2020年	2025年	2030年
国内运输	蒙古国	9264	11767	19210
出口	至中国	10567	13423	21914
	至俄罗斯	111	141	230
进口	从中国	1432	1818	2969
	从俄罗斯	1460	1854	3027
过境	从中国	365	464	757
	从俄罗斯	2568	3261	5325
合计		25767	32728	53432

资料来源：蒙俄合资乌兰巴托铁路股份公司，http://ubtz.mn/。

表13　　方案三：最高目标“快速发展，货运周转量大幅增长”　　单位：百万吨

种类	方向	2020年	2025年	2030年
国内运输	蒙古国	11790	19210	26531
出口	至中国	13449	21914	30265
	至俄罗斯	141	230	317
进口	从中国	1822	2969	4100
	从俄罗斯	1858	3027	4181
过境	从中国	465	757	1046
	从俄罗斯	3268	5325	7354
合计		32793	53432	73794

资料来源：蒙俄合资乌兰巴托铁路股份公司，http://ubtz.mn/。

（二）客运发展三阶段目标

乌兰巴托铁路股份公司制定了客运发展三阶段目标，预计2020年客运量达到

275 万人次，2025 年达到 320 万人次，2030 年达到 350 万人次。上述目标的制定依据以下政策文件和私营企业间签署的协议。

（1）蒙古国国家议会于 2016 年 2 月 5 日通过的第 19 号决议《2030 年前蒙古国稳定发展的指导思想》。

（2）蒙古国国家议会于 2007 年 7 月 5 日通过的第 19 号决议《蒙古国铁路运输法》。

（3）蒙古国国家议会于 2015 年 11 月 26 日通过的《发展规划政策法》。

（4）《蒙古国政府 2016 年行动纲领》。

（5）蒙古国道路运输部与“俄罗斯铁路”股份公司于 2014 年 9 月签署的《乌兰巴托铁路改革、发展战略伙伴协议》。

（6） 2016 年，上海合作组织峰会在塔什干市举行。中国、蒙古国、俄罗斯三国元首举行第三次会晤并达成了包含 32 个项目的《建设中蒙俄经济走廊规划纲要》。

（三）蒙古国国家大呼拉尔制定的政策

蒙古国国家大呼拉尔于 2016 年 2 月 5 日通过了第 32 号决议《国家道路运输行业政策》。该政策指出，蒙古国将分步新建 5683.5 千米铁路基础设施。新铁路开通后每年出口量将达到 5000 万吨。

1. 第一阶段建设约 1000 千米铁路

（1）达兰扎德嘎德—塔温陶勒盖—查干索布日嘎—宗巴彦（400 千米）。

（2）赛音山达—西乌尔特（350 千米）。

（3）西乌尔特—霍特（140 千米）。

（4）霍特—乔巴山（150 千米）。

2. 第二阶段建设 900 千米铁路

（1）那林苏海图—西伯库伦（45.5 千米）。

（2）塔温陶勒盖—嘎顺苏海特（267 千米）。

（3）霍特—塔木萨格布拉格（380 千米）。

（4）霍特—毕其格图（200 千米）。

3. 第三阶段建设 3600 千米铁路

（1）阿尔茨索里—阿尔泰—布尔嘎斯台。

（2）阿尔茨索里—乌兰固木—查干淖尔。

（3）阿尔泰—新金斯特—那林苏海图—西伯库伦。

（4）阿尔泰—霍舒特—布尔干。

该方案目的是提高资源利用率、引进创新技术、降低自身成本，使乌兰巴托铁路股份公司保持稳定的发展，确保提升宏观经济效益。方案计划完成以下目标。

（1）要建设与运输需求匹配的基础设施，发展蒙古国道路运输系统，将乌兰巴托铁路股份公司过境运输功能融入国际道路运输系统。

（2）改进铁路检修场的基础上延长其寿命周期，在铁路扩建区段提高现阶段的检修能力，建设新的检修基地。

（3）提高乌兰巴托铁路股份公司在蒙古国市场的竞争力，为消费者提供安全高效的服务，通过发展综合服务满足客户对物流的需求。

（4）到 2030 年，国际客运周转量将达到 1 亿人千米，国内客运周转量达到 12.6 亿人千米。客运列车平均速度提高 1.4 倍。

（5）合理有效利用财务资源，发展非核心部门的营商能力。

（6）使运输行业与其他领域有效地结合，创建统一的信息平台，提升自动化水平。

（7）提升铁路运输安全发展水平，加强铁路基础设施和设备安全保护措施。

（8）不断选拔、培养并留住急需人才，同时依据劳动效益和社会伙伴关系原则提高其社会保障水平。

（9）提高乌兰巴托铁路股份公司的引资能力，为吸引具有社会影响力的外资项目提供有利条件，精确投资以保障利润的增长。

（10）要有步骤地进行机构改革，使风险降到最低，在规定时间内进行分析论证后开始实施。重视环保技术，降低铁路运输对环境和人身健康不利的影响。

（11）方案实施过程中对乌兰巴托铁路股份公司进行适当的注资，稳定其财务指标，提高财务管理系统的效益等。

实现方案计划完成的目标需要坚持以下原则：

（1）保持传统（遵循公司的发展主线）。

（2）面向客户（在提供专业优质服务的基础上与客户保持长期的互惠互利合作）。

（3）透明性（信息公开、真实准确、达到受益）。

（4）安全性（完善安全生产体系）。

（5）社会责任（为国家社会、经济、环保领域发展做贡献）等。

方案分为三个阶段实施：

第一阶段（2017—2020 年）：完善现有的基础设施，报废已到使用年限的设备，更新完善移动设备，创造创新“技术平台”。

第二阶段（2021—2025 年）：从根本上更新完善基础设施，提高运输通过能力，报废已到使用年限的设备，更新完善移动设备，引进和普及运输管理系统创新技术设备，开始建设新铁路，利用乌兰巴托铁路股份公司的过境运输功能创造物流服务市场，完善客运基础设施。

第三阶段（2026—2030 年）：彻底清除影响道路运输通过能力的障碍，实现基础设施现代化，报废已到年限的设备，更新完善移动设备。基于现代信息和控制系统，发展运输创新管理体系，达到世界先进技术水平，大规模建设新铁路投资项目，提高乌兰巴托铁路股份公司的过境运输能力，为客户提供全新的服务模式，打造现代码头物流系统，提高客运质量。

五、乌兰巴托铁路股份公司发展规划

（一）货运量和客运量前景预测

乌兰巴托铁路股份公司货运运输规划是根据蒙古国实施的矿产开采和加工有关的大项目和蒙古国国内生产总值增速预测和宏观经济形势制订的运输量计划。发展规划的最低目标是，到 2030 年年货运量达到 3260 万吨。“蒙水泥”项目、霍特水泥厂的扩建、沙里河矿的产能提高、额尔登特及达尔汗热电厂的扩建、巴嘎杭盖区石油产品与奥伦敖包站煤炭出口运输等项目的实施使货运量有望增长。发展规划的中期目标是，到2030年年货运量达到5360万吨。根据蒙古国铁路扩建计划和2016年在塔什干市举行的上海合作组织峰会上中蒙俄三国元首举行会晤所达成的项目协议，过境运输量有望增长。发展规划的最高目标是，到2030年年货运量达到7370万吨。

根据发展规划、2020年前铁路项目实施的情况、蒙古国道路运输部发展规划、《乌兰巴托市2030年发展规划》、旅客运输线路和旅客所居住地区的人口数量、所乘交通工具等制定了2030年客运量目标。根据发展规划，到2030年旅客运输量最低目标为320万人次，中期目标为350万人次，最高目标为380万人次，旅客运输量以国内旅客为主，国内旅客量达到330万人次，国际旅客量20万人次，城区和地方开通新路线时客运量会增长30万人次（按发展规划最高标目标预测），乌兰巴托铁路股份公司改革发展方案目标见附件4。

（二）铁路基础设施发展规划

为了建设与运输需求匹配的基础设施，发展蒙古国道路运输系统，融入国际道路运输系统，充分利用乌兰巴托铁路股份公司过境运输功能，公司制定了铁路基础设施发展规划。结合至2030年改革发展方案中间目标（实施可能性最大），在改建和完善车站、道口、区段铁路方面的各发展阶段采取以下措施。

第一阶段（2017—2020年）：引进控制列车运行的列车无线调度通信系统，在额尔赫特—西哈拉区段新建铁路道口；14个车站增加接发列车作业；11个车站延长轨道长度；扩建扎门乌德车站等5座车站；对336千米铁路进行大修；对66座桥梁进行维修；建造9个输水管道；对20段铁路增建防沙设施；建造6个行人地下出口和1个汽车地下出口；建造1座桥梁和19个防护栅栏。

第二阶段（2021—2025年）：建设150千米双线铁路和45千米的第二条铁路；建设环博格达山的满都拉—巴嘎杭盖区段的铁路；对8个车站增加接发列车作业；对4个车站进行扩建；建设扎门乌德—1车站环路、扎门乌德—2车站环路；萨里黑特—额尔登特段进行技术更新与扩建；对293千米铁路进行大修；对342千米铁路及沿线车站、道口和34千米铁路站线进行中修；150根P50路型钢轨和配套轨枕换成P钢轨和钢轨与钢筋混凝土轨枕；对47座桥和人造设施进行维修；建造46个输水管道；对萨里黑特—额尔登特段路基进行巩固；对20段铁路增建防沙设施。

第三阶段（2026—2030年）：对41千米铁路进行大修；对车站和道口34千米铁路站线进行中修；150根P50路型钢轨和配套轨枕换成P轨和配钢轨与钢筋混凝土轨枕，对出站信号机系统、通信、信息、供水设备设施进行技术更新。

在信号系统、通信、能源、给水等基础设施进行改造方面，各发展阶段采取以下措施。

第一阶段（2017—2020年）：铁路主干线沿线铺设1015千米电缆；支线铺设174千米电缆；更新乌兰巴托2000号段电话站；根据引进的调度列车运行的无线调度通信系统对机车56个装置安装机载系统；将17个区段无线电通信系统更新为数字技术；对68个车站和道口安装监控系统；4个道口集成电力系统换成集成微处理器系统；在11个车站建变电站、供电站、亮化线路；对48个真空断路器进行改造；更新662千米电线；将木质电线杆换成混凝土电线杆；更新150个绝缘低压变压器；改造10个车站给水系统（勘探、钻井、安装过滤装置、供应旅客）等工程；对信号系统、通信、能源、给水等基础设施进行改造。

第二阶段（2021—2025年）：对10个车站和道口安装视频监控；引进统一的视频监控系统；将1个道口集成电力系统换成集成微处理器系统；区段2个车站现有的集成电力系统换成RPC系统；1个车站信号系统换成集成电力系统；更换32个真空断路器；更新436千米电线；将木电线杆换成混凝土电线杆；更新150个绝缘低压变压器；改造10个车站给水系统（勘探、钻井、安装过滤装置、供应旅客）等工程。

（三）道路工程技术创新规划

道路工程技术创新各发展阶段采取以下措施。

第一阶段（2017—2020年）：使用76台重型机械设备对铁路车场进行更新改造；在道路维护站附近修建桥梁、人造设施；组建机械化防沙队；使用铁路移动检修段的36个重型机械设备对车场进行改造；对混凝土轨枕生产厂和铁路碎石道砟厂进行技术革新。

第二阶段（2021—2025年）：使用172台重型机械设备对铁路车场进行修复、

更新和改造；在道路维护站的附近建设机械设备检修段；使用铁路移动检修段的 75 个重型机械设备对车场进行修复更新；对木材加工厂进行技术革新。

第三阶段（2026—2030 年）：新建铁路检修站。

（四）引进创新技术

引进创新技术各发展阶段采取以下措施。

第一阶段（2017—2020 年）：建设运输指挥中心；制订信号、供电、闭塞系统设计图纸及相关文件；能源部门安装调度控制系统；在国境线 7 千米处至东哈拉路段引进移动检修计划与预防综合服务技术，建设萨里黑特车站基地；建无交叉线岔基地；3 千米路段进行减速处理；更新车场。

第二阶段（2021—2025 年）：引进蜂窝网络；为在东哈拉—乔伊尔路段引进日常维护的计划与预防综合服务技术，需要在阿木古郎车站建基地；建无交叉线岔基地；在 20 千米路段进行减速处理。

第三阶段（2026—2030 年）：乔伊尔至 1115 千米（国境线）处，为引进日常维护的计划与预防综合服务技术，需要在乔伊尔车站建基地，6.8 千米路段进行减速处理。

（五）乌兰巴托铁路的电气化改造

随着国内和国际市场的竞争力不断上升，作为动力原料的煤炭会对环境造成污染，因此乌兰巴托铁路股份公司越来越有必要与国际运输系统接轨，乌兰巴托铁路电气化改造迫在眉睫。制订方案时需要对乌兰巴托铁路股份公司电气化改造项目进行深入研究，提前制定和实施相关法律法规。

铁路电气化改造需要乌兰巴托铁路股份公司富有成效地、合理地融入蒙古国电力市场。电力系统在运营过程中提供稳定电源，保障铁路运输所需电力的持续供应。同时，改造还需要对环境产生的不良影响进行仔细评估，并尽量将负面影响降到最低。未来乌兰巴托铁路股份公司融入电力市场潜力巨大，需与蒙古国相关部委共同为乌兰巴托铁路电气化改造项目制定统一标准。因此，需在国家政府、上级主管部门针对铁路和燃料—电力系统制定的统一政策出台后，在其框架下制订该项目改造方案。

2014 年 9 月，在蒙古国道路运输部与“俄罗斯铁路”股份公司签署的《乌兰巴托铁路改革、发展战略伙伴协议》框架内，根据铁路运输能力达到 1 亿吨 / 年的目标，双方就市场营销研究、财务和司法标准化，铁路主干线电气化改造项目的技术经济指标等内容签署投资协议。双方应共同制定技术任务书，选定设计单位和监理单位。

根据前期预算，铁路电气化改造项目包括基础设施建设和购买电气化设备等，投资总额共 18 亿美元。制订方案阶段暂时还没有资金来源。此外，乌兰巴托铁路电气化改造中还应参考机车类型、邻国边境铁路车站的情况。具体来说，需研究能否与俄罗斯纳乌什基—乌兰乌德段和中国铁路二连浩特—集宁段的供电系统匹配。方案中采取八个方面的措施合理安排牵引动力的布局。在铁路电气化改造方案框架外，除了参考上述主要因素之外，政府层面应将乌兰巴托铁路股份公司投资项目视为国际性大型投资项目。

六、总结

乌兰巴托铁路股份公司在更新基础结构、移动设备和新建 4 个道口项目上共投入 5800 亿图格里克，项目完成后乌兰巴托铁路日通过能力达到 14.4 对列车，运输能力增长 300 万吨，区段速度提高 14.9%，技术速度提高 10.1%，机车日效率提高 18.0%，货运周转量提高 1.7%。因此，乌兰巴托铁路运输盈利能力得以提高，运输成本降低。另外，在人文方面采取了解决员工住房、提供全面的医疗服务以及增建幼儿园等措施，改善了员工福利。公司全体员工中 18 ~ 40 岁年轻人占 61.3%，不乏专业人才，他们在保证运输安全和货物的完整性上高标准、严要求，保障货运部门高效运作。俄罗斯联邦“俄罗斯铁路”股份公司高层决定对“乌兰乌德—乌兰巴托—扎门乌德”铁路进行电气化改造并新建复线等，这些决定更加明确了该铁路的战略意义。乌兰巴托铁路股份公司担负着建设中蒙俄经济走廊、扩大三国跨境经贸往来的任务，还负责降低“北京—乌兰巴托—乌兰乌德”铁路的运输成本，保障快捷运行。电气化改造也可以依托蒙古国大型煤矿，利用三国资金、劳动力和技术建设新的电厂。

造成乌兰巴托铁路运输量下降的原因有投资资金来源有限；铁路移动设备紧缺；基础结构老化；与其他交通工具（航空、公路）合作能力欠缺；国内国际旅客运输的亏损运营（乌兰巴托—莫斯科国际客运 2016 年亏损 470 万图格里克）；缺失灵活调整运价机制；蒙古国缺乏资金进行乌兰巴托铁路第二条线路电气化改造等因素。

此外，受矿产丰富地区的地理位置影响，一方面乌兰巴托铁路以额尔登特、达尔汗、玉热、艾里格、包日温都尔、赛音山达、扎门乌德站方向运输为主，另一方面扎门乌德—二连浩特口岸出口铜精矿、铁矿石、煤炭的返程空车流对运输有负面影响。

为了提高乌兰巴托铁路运输量，首先需要处理乌兰巴托市两端（进城、出城）和东戈壁省杭吉淖尔大坝附近的铁道坡和该段的弯道，更新货场，提高车站和道口的通过能力等。涉及乌兰巴托铁路股份公司的问题已成为蒙俄政府间委员会会议商讨的主要事宜。为了增加过境蒙古国物流运输周转量，两国政府极有可能对公司进行改革，调整股份比例，积极解决投资问题。

二连浩特市政府收取过境蒙古国的二连浩特—扎门乌德口岸进出口货物总价 1.5% 的费用，对过境运输量有着负面影响，使乌兰巴托铁路竞争力下降，导致客户选择运输路线相对较长的外贝加尔斯克—满洲里口岸运输。因此，二连浩特市政府应该停止这一收费行为。

除此之外，笔者认为“乌兰察布—乌兰巴托—乌兰乌德”线可以通过 50% ~ 60% 的集装箱列车，剩余的 40% ~ 50% 可以通过现今的“中国—莫斯科—欧洲”线，再通过乌兰乌德集散中心运输至俄罗斯各地。建设过境蒙古国“乌兰察布—乌兰巴托—乌兰乌德”经济走廊（最短路线），在三个城市建立运输物流中心。这条路线是低成本、节省时间、线路短的运输路线。

乌兰巴托铁路股份公司《乌兰巴托铁路 2030 年改革方案》的宗旨是引进创新技术，降低运输成本，加强基础设施建设，利用过境运输优势更新完善铁路移动设施和货场，改造检修基地，为消费者提供经济实惠的服务。

到 2030 年，旅客周转量将达到 1 亿人千米，客运列车平均提速 1.4 倍，提高各部门的经济效益，积极与其他交通领域相结合，根据效益提高员工的社会保障水平，加强乌兰巴托铁路吸引国内外投资能力，为其提供良好的投资环境，减少对环境、对人身有害的技术与服务的使用，积极筹措项目资金。项目实施后，客运量预计2020年达到275万人次，2025年达到320万人次，2030年达到350万人次。预计2030年年货运量最低目标可达到3260万吨，年货运量中期目标预计达到5360万吨，年货运量最高预计达到7370万吨。

根据前期预算，铁路电气化改造项目包括基础设施建设和购买电气化设备等，投资总额共18亿美元。

第二节　蒙古国公路发展现状和发展愿景

一、蒙古国公路运输行业发展政策和管理

（一）公路运输行业发展战略和目标

蒙古国公路运输行业发展战略宗旨是促进国家、城市之间的货运、客运和过境运输的发展，增加效益，使首都公共交通服务不断完善，保障交通工具的行驶安全，减少交通事故，减少对环境的负面影响。

1. 公路运输行业发展战略

（1）积极融入国际运输协议、公约组织，与之相结合完善本国相关法律法规，与毗邻两国签署公路过境运输协议。

（2）在乌兰巴托市、区域中心城市、较大口岸建设货运、客运运输终端企业和物流中心。

（3）完善公路交通工具的税费机制，使其符合公路交通工具技术操作标准规范。

（4）完善公路交通工具的技术检测与故障诊断中心功能，增加监控线路的数量。

2. 公路运输行业发展目标

（1）改善和推动“过境蒙古”国家计划的实施。

（2）实施“过境蒙古”国家计划，保障贸易、运输便利化。

（3）增加实施 TIR（《国际公路运输公约》）运输口岸数量。

（4）将国际运输协会和国内外专业组织举办的会议、研讨会、展会信息及时转达至公路交通相关部门，支持选派代表参加，必要时可以共同举办活动。

（5）为公路交通行业提高生产效益创造条件。

（6）创造良好的政策法律环境。

（7）将目前的汽车标准化水平升级至国际标准体系，修改需要更新的标准。

（8）为及时合理地满足运输服务行业需求，确定运输物流中心位置、分类、等级，制订货运技术改革方案，准确排位建设公路和设施的顺序。

（9）支持运输物流行业的国有和私营企业间的合作。

（10）将政府的一些功能移交至有资质的非政府组织或专业协会。

（11）为城际货运和客运企业提供统一的调度管理注册和信息平台，使运输管理实现网络化办公。

（12）加强国际、城际货运运输和客运运输基础设施的建设，在区域中心城市、较大的口岸设立货运、客运运输终端企业和物流中心。

（13）减少汽车运输对环境、人身、交通带来的负面影响，对不达标准的交通工具采取增税措施，对造成损失的进行追责。

（14）完善公路交通工具技术检测与故障诊断中心功能，增加监控线路的数量，提高工作质量。

（15）更新汽车服务行业的等级、标准、要求，提高服务质量，提供专业的管理等。

（二）《蒙古国道路运输法》的实施情况

蒙古国发展道路运输行业宗旨是，在实施区域发展政策时，道路的发展有着举足轻重的地位。蒙古国区域发展原则也体现在宪法中。发展政策基于区域“相对”平衡发展的原则，步入转型时代后政策基于集权经济，在计划经济措施的框架下建设道路和自由贸易区是发展生产支持生产的重要举措之一。发展道路运输业的目的是发展矿产业，扩大技术型和外向型经济基础，创造附加值，拉平地方和首都生活水平。

《蒙古国道路运输法》在 1999 年通过之后共修订 11 次，未来有必要在以下方面进行修改和补充。①生产和组装的机动车必须符合相关标准，由专门授权单位完成，对机动车使用性质进行更变时必须由相关专业部门评定授权；②危险货物运输由特许运营者运输，明确办理特别许可证的条件和要求；③制定并通过食品农业、轻工业部和紧急情况总局等道路运输行业部门在执行国家公务、紧急运输任务时所需遵循的标准，在法律中明确实施道路运输受国家监督事宜；④确定停止使用右舵机动车的期限，使其法制化；⑤为了保障机动车正常、顺畅、安全运行，完善其他相关领域的法律法规等重要事宜。

在全社会步入“按需分配、按劳取酬”的市场经济后，1993 年通过的《蒙古国警察法》、2002 年通过的《蒙古国教育法》、2006 年通过并于 2008 年修订的《蒙古国老年人社会保障法》《残疾人社会保障法》等法律法规中规定，执行公务的警察、老人及残疾人可以免费乘坐除出租车之外的公共交通工具。这一条款阻碍了公共交通部门的正常运营和完全融入市场经济的步伐。所以应该取缔相关条款，制定合理的优惠机制使其法制化。对相关法律进行补充和修改，以加大问责力度。需要对《蒙古国道路运输法》《特别消费税法》《机动车和非机动车消费税法》《汽油和柴油税法》等法律法规相关条款进行补充和修改。《蒙古国道路运输法》通过后进行了 7 次补充和修改。为了缓解城市交通堵塞、减少污染有必要出台《停车场法》，为了交通运输行业的平衡发展，避免出现垄断现象有必要出台《蒙古国运输管理法》。

道路运输发展与道路本身、基础设施建设、道路管理密不可分。虽然近年来，国家为路网建设做出了一定的努力，但道路设施建设、维护与道路交通工具需求不符，严重滞后。因此，需要结合行业特征，细化阐释《蒙古国道路运输法》中一些难理解、模糊的术语，重新划分道路等级。例如：企业、单位内部公路，首都公路等。

为了保护矿藏、石油等采矿区附近的环境和生态平衡，建设可承受重型汽车和机械设备荷载的沥青混凝土路，建设特殊用途道路，并进行科学管理。明确交通参与者、行政部门和企业的任务与权力，加大行政主管部门的权力。

为了解决道路维护资金经常性短缺问题，需要从道路基金定期拨款以提高道路维护企业生产作业能力，加大对科研、技术设备、实验设备的投入，以提高专业人员技能水平。需要提供道路设施设计、技术经济指标、项目监管（评估）等咨询服务，制定相关行为准则，颁发特殊许可证和道路建设所需材料的标准。在进行城市规划、土地管理时不与专业部门进行协调沟通，出售土地时道路规划定线出售情况日趋严峻，需要制定出台确定道路建设路线带范围和相关管理措施。加强道路与设施监管机制，对环境造成负面影响，对违法新建、损坏道路行为进行严厉的追责。

政府已制订未来发展基础设施的计划，基于政府区域发展政策，2000 年初，决定建设由 5 条南北方向公路，1 条横向公路，建设 11 条 3 级公路，横向公路部分区段与亚洲公路网（Asian Highway，以下简称 AH）和中亚区域经济合作运输通道交会，为了实施该计划，首先需要用沥青混凝土公路将全部省会城市连接贯通。蒙古国政府在 2021 年前投入 19 亿美元资金建设 11000 千米公路。

二、亚洲公路网

（一）亚洲公路网与世界主要国家交通运输业发展概况

经联合国亚太经济与社会委员会倡议，于 1959 年开始实施的“亚洲公路网”项目的宗旨是使世界人民更加亲近，促进旅游、贸易和社会发展，提高人民生活水平，是符合联合国宗旨的重要举措。1960 年、1970 年、1980 年亚洲一些国家开发国内公路网的同时跨境运输也随之发展，这与“亚洲公路网”项目有直接的关系。

1990 年开始，由于阻碍世界各国交往的政治因素越来越小，经济全球化趋势越来越明显，亚洲公路网项目得到进一步发展。

公路交通工具具有短时间内长距离运行，将货物或旅客快速送达目的地的优势。

公路货物运输与其他交通工具相比机动性、灵活性较好，世界上交通运输中 80% 的旅客周转量由公路交通运输完成，通过能力强的车场和公路网大多集中在发达国家。目前，全球汽车保有量为 6.5 亿辆，其中 80% 在北美、西欧、日本。公路交通发展以汽车千人保有量做参考，如表 14 所示。

表14　世界主要国家公路交通发展与比较

排名	国家	所拥有的汽车数量（万辆）	国家	汽车千人保有量（辆）	国家	公路长度（万千米）
1	美国	21500	美国	765	美国	630
2	日本	6400	卢森堡	685	印度	335
3	德国	4500	马来西亚	640	巴西	172.5
4	意大利	3500	澳大利亚	620	中国	170
5	法国	3300	马耳他	610	日本	116
6	英国	2800	文莱	590	加拿大	90
7	俄罗斯	2000	意大利	565	法国	90
8	西班牙	2000	奥地利	560	澳大利亚	81
9	加拿大	2000	加拿大	560	西班牙	66.5
10	巴西	1600	日本	545	俄罗斯	59

资料来源：蒙古国道路运输发展部，https://mrtd.gov.mn/online-services。

美国拥有汽车数量、汽车千人保有量、公路长度都排在第 1 位，说明美国公路运输行业高度发达。俄罗斯拥有约 2000 万辆汽车，排名第 7；公路长度 59 万千米，排名第 10。中国公路长度约 170 万千米，排名第 4。公路密度最高的国家在欧洲，排名靠前的国家有比利时，为 4700 千米 / 千平方千米，荷兰为 2770 千米 / 千平方千米，瑞士为 1800 千米 / 千平方千米，日本为 3100 千米 / 千平方千米。国土面积较大的美国为 670 千米 / 千平方千米，巴西为 200 千米 / 千平方千米，澳大利亚为 100 千米 / 千平方千米，俄罗斯为 32 千米 / 千平方千米。

欧盟、北美洲、独联体国家之间正在建设统一的道路系统①。

如表 15 所示，2005 年世界公路货物周转量为 36000 亿吨千米，美国货物周转量排名第 1。

① Geographyorussia.com/avtomobilnya—transport/.

表15　　2005年世界部分国家公路货物周转量

排名	国家	货物周转量（亿吨千米）	货物周转量占比（%）
1	美国	15500	43.0
2	日本	3400	9.4
3	德国	3100	8.6
4	意大利	2250	6.2
5	西班牙	2100	5.8
6	墨西哥	1750	4.8
7	法国	1700	4.7
8	英国	1650	4.5
9	土耳其	1500	4.1
10	波兰	1100	3.0

资料来源：蒙古国道路运输发展部，https://mrtd.gov.mn/online-services。

可以看出，世界发达国家经济发展水平促进了本国道路和交通运输行业的高度发展，虽然国土面积较大的中国和俄罗斯公路总长排名靠前，但公路密度和货物周转量与交通运输高度发达的北美洲、欧盟和日本相比还是有一定的差距。

（二）蒙古国融入亚洲公路网情况

蒙古国在融入亚洲公路网、选择路线时需要参考借鉴联合国以下宗旨：①为支持国际运输和区域合作，连接区域中心城市和首都；②为支持区域间的经济往来，连接大型工业和农牧业省市；③为统筹兼顾发展公路和水路交通运输，连接主要的港口城市；④为支持国际旅游业，连接大型旅游城市等。

蒙古国位于中国和俄罗斯之间，是拥有150多万平方千米国土面积的无出海口国家。在未来的发展中需要重视国际合作，需要在国际间、区域间、洲际建设高收益的公路网。因属内陆国家，蒙古国需要与毗邻国家和其他国家之间建设可靠而稳定的公路网，积极支持国际过境运输。

蒙古国一直以来积极支持亚洲公路网建设项目，积极参与联合国亚太经济合作组织陆路运输方面实施的相关活动。1991—2004年参与了亚洲公路网的启动、制定统一标准、政府间会议等10余次活动，在本国举办过两次AH3线区域领导会议。

2004年蒙古国决定将以下共4286千米公路线路组成的公路网融入亚洲公路网。

AH3线路：中国天津塘沽—北京—蒙古国乌兰巴托—俄罗斯乌兰乌德，蒙古国段线路由俄罗斯边境—阿拉坦布拉格—达尔汗—乌兰巴托—赛音山达—扎门乌德至中国边境，总长 1041 千米，是蒙古国纵向线路的主干路。

AH4 线路：俄罗斯新西伯利亚—蒙古国乌兰拜兴特—乌列盖—科布多—雅然台—中国乌鲁木齐，蒙古国境内 725 千米。

AH32 线路：科布多—乌里雅斯台—车车尔勒格—哈拉和林—龙—乌兰巴托—温都尔汗—乔巴山—松贝尔（东方省），总长 2520 千米，是蒙古国公路交通网横向线路主干线。

AH3 线路利用亚洲开发银行优惠贷款实施以下项目，已完成了 586 千米（56.3%）沥青混凝土公路建设。①俄罗斯边境—阿拉坦布拉格—达尔汗—乌兰巴托，共 312 千米公路由亚洲开发银行注资，1997—2000 年在“公路开发 I 号项目”框架内进行了修复；②“纳莱赫—乔伊尔”线路共 200 千米公路由亚洲开发银行注资，在“发展公路Ⅱ期项目”框架内已于 2002—2005 年建成；③亚洲公路网 AH3 线路蒙古国境内的乔伊尔—扎门乌德段 432 千米沥青混凝土公路项目在“发展区域公路项目”框架内由亚洲开发银行、韩国经济合作基金注资修建完成。

中国边境至扎门乌德（扎门乌德县境内）的 5.86 千米沥青混凝土公路，在 2005 年由中国援建完成。该路段宽 18 米，四车道并配有路灯，达到了国际标准。其起点为中蒙边境，属于蒙古国境内亚洲公路网的一部分。

该项目实施后，蒙古国境内的 AH3 线路通过沥青混凝土公路连通中国和俄罗斯，可以有效解决中蒙公路过境运输因负荷大导致通关效率低的问题，提高过境运输、过境货物与人的通关检验检查效率，汽车运行效率平均提高 2.2 倍，运行时间缩短。

蒙古国政府于 2012 年行动纲领中提到，建设连通俄罗斯、中国通道，开辟亚洲—欧洲运输通道，增加过境蒙古国货物周转量[①]。在 2014 年蒙古国经济社会发展目标中提到，蒙古国将制定建设连通俄罗斯和中国的铁路、高速路，石油、天然气、能源管道等基础设施的互联互通的政策并予以实施。

蒙古国境内的 AH4 线“雅然台—科布多—乌列盖—乌兰拜兴特”线路共 725 千

---

① 由蒙古国议会37号决议通过的“蒙古国政府行动纲领2012—2016”，http://zasag.mn/uploads/gov_plan2012—2016—1.pdf。

米，其中“雅然台—布尔干—乌音其”线路 65 千米沥青混凝土公路项目于 2015 年 11 月开始施工，在亚洲开发银行提供技术支持下对纵向西线的技术经济基础进行了研究，纵向西线公路（AH4 线）建设项目基本完成。

截至 2016 年，蒙古国境内公路网总长 49250 千米。

如表 16 所示，通过对道路建设的大力投入，公路网有了明显的改善。具体来说，2012—2016 年修复的公路长度较原来增长 1.3 倍，沥青混凝土公路长度增长 1.8 倍，碎石路长度增长 86.8%，土路长度增长 60.3%，而近两年修复的公路比之前减少了 1000 千米，根据蒙古国 2016 年路面构造情况看，全部道路的 73.6% 为沥青混凝土公路，16.8% 为碎石路，9.6% 为修复的土路。

表16　　2007—2016年蒙古国已修复的道路长度　　单位：千米

年份	修复的道路总长度	沥青混凝土公路	碎石路	修复的土路
2007	6461.2	2597.2	1962	1902
2008	6545	2671.2	1999.8	1874
2009	6692.3	2824	1994.3	1874
2010	6761.4	3015.6	2071.6	1674.2
2011	7633.5	4063.5	1959.2	1610.8
2012	7652.9	4082.9	1959.2	1610.8
2013	8875.6	5838.2	1864.8	1172.6
2014	9428.2	6461	1782.5	1184.7
2015	9812.1	7125.3	1715.6	971.2
2016	10126	7456.6	1696.8	972.6

资料来源：蒙古国道路运输发展部。

以前乌兰巴托市至各省会城市的道路以土路和碎石路居多，为了将这些道路全部建成沥青混凝土公路，近些年政府投入力度不断加大，将建设首都至各省会城市的沥青混凝土公路目标纳入了 2016—2020 年政府施政纲领。“陶森清格勒—乌里雅苏台”114 千米公路工程项目已开始施工。由中国政府提供优惠贷款建设的该段公路宽 7 米，沥青混凝土厚度 5 厘米，路两侧铺设 1.5 米宽碎石，属三级公路。该段公路建好后扎布汗省百姓可以舒适、安全、便捷地通行，也会吸引国内外游客，进一步增加旅游收入。途经扎嘎斯泰大坝的“陶森清格勒—乌里雅苏台”67 千米公路工程施工项目由新疆北新路桥建设股份有限公司与蒙古国内四家公司辅助施工。

三、“阿拉坦布拉格—乌兰巴托—扎门乌德”高速公路项目实施情况

在亚洲公路网 AH3 线“阿拉坦布拉格—乌兰巴托—扎门乌德”高速公路建设项目公开招标中，成吉思汗土地开发集团中标，并于 2014 年 3 月 16 日与经济发展部签署了特许权协议。根据协议，该公司在 2 ~ 3 年内通过国际金融市场筹资建设价值 20 亿美元，总长 1000 多千米的高速公路项目，30 年后将无偿归国家所有[①]。有 1000 多家国内企业和 30 余家国外企业参与该工程项目建设。该公路的岩土工程基础研究、详细设计工作已开始。该公路是以过境运输为目的，符合国际标准的高速公路，属于中蒙俄经济走廊的重要组成部分。现已开展对高速路线路和受影响区域的数据库、工程地质、水文地质、水文气象、大地测量、制作设计图等测绘研究工作。该项目符合国际标准，将会为沿线区域发展带来明显的经济效益。项目建成后的效益有如下几点：①该公路线路总长 1000 多千米；②该公路为双向四车道；③该公路与铁路交会处修建桥梁，有专门的牲畜迁徙通道；④该公路拥有卫星、光纤成套监控设备的现代监控系统；⑤该公路还要建设连通扎门乌德自由区、阿拉坦布拉格自由区、乔伊尔、呼希格廷坤兑、乌兰巴托、达尔汗色楞格物流中心以及连接矿产资源丰富省市的多条支线；⑥该公路每 100 千米内建一座交通工具服务站，每 50 ~ 80 千米内建一座乘客服务区；⑦根据高速公路地形和需求修建桥梁及隧道；⑧高速路路灯和现代水处理系统实施方案上报政府后，因一些原因尚未通过实施。

上述工程建设项目总成本 50 亿美元，可以提供 3.5 万 ~ 4.0 万个就业岗位。

在蒙古国境内建设的公路网可以缓解亚洲高速路（AH5 线、AH6 线）的负载，也会为与邻国的贸易额在 2020 年达到 200 亿美元的目标创造条件。据研究预测，该项目完成后，与 AH5 线、AH6 线相比，过境运输距离缩短 2700 千米，货物运输时间可缩短 45 小时，旅客运输时间缩短 34 小时。日运输货物 18.72 万吨，年运输货

---

① 开始实施连接欧亚的“草原之路”方案，2014年8月26日，http://www.eagle.mn/content//。

物 6729 万吨[①]。但遗憾的是，国内外投资者对蒙古国政府以及该项目的实施者——成吉思汗土地开发集团缺乏信任，因此，阿拉坦布拉格—乌兰巴托—扎门乌德高速公路的工程建设项目还在搁浅中。

蒙古国道路交通运输发展部对苏赫巴托—扎门乌德，途经的色楞格、达尔汗、乌兰巴托、东戈壁至扎门乌德的城际班车客运量进行了统计。如表 17 所示，沿亚洲公路网 AH3 线的阿拉坦布拉格—扎门乌德纵向公路客运量与铁路客运量相比差距不大。其中，乌兰巴托市客运量最多，色楞格省阿拉坦布拉格苏木客运量最少，乌兰巴托—达尔汗乌拉、乌兰巴托—巴嘎淖尔区客运班车利润最大。

表17　　　　　　　　　　公路客运量情况

序号	省市名称	苏木名称	距离（千米）	旅客周转量（千人）	货物周转量（百万人千米）	班车票价（图格里克）	利润（图格里克）
1	达尔汗乌拉省	达尔汗	223	244.6	54563.4	10000	2446790
		莎仁高勒	238	22.6	4738.0	15000	340050
2	东戈壁省	赛音山达	456	16.5	7530.7	16400	270977.2
		扎门乌德	657	6.1	4009.6	25500	155626.5
3	色楞格省	阿拉坦宝力格	335	58.4	19588.4	14000	818622.0
		曼达勒	180	5.4	977.0	7000	37996.0
		阿拉坦宝力格	51	1.13	58.0	7000	7966.0
4	乌兰巴托市	巴嘎淖尔区	131	195.7	25641.2	6000	1174410
		巴嘎杭爱	110	12.3	1359.9	4500	55633.5

资料来源：蒙古国道路交通运输部。

总的来说，蒙古国政府与联合国亚太经合组织在制定亚洲公路网线路、制定统一标准等方面进行了磋商，成功地选定并入亚洲公路网的线路，由亚洲开发银行提供优惠贷款和技术支持，建设 AH3 线 586 千米的沥青混凝土公路。但该公路一些区间路段出现了损坏、道路狭窄致使重型车辆不能通行，有必要建设一条新公路。所以，需要根据成吉思汗土地开发集团制定的技术经济可行性研究报告确定建设亚洲公路网 AH3 纵向公路项目的承建单位并解决资金问题。

蒙古国政府利用自身条件和投资，已基本完成首都至各省会城市的沥青混凝

---

① 成吉思汗土地开发集团：《阿拉坦宝力格—乌兰巴托—扎门乌德高速公路项目研究报告》，2014年。

土公路的建设，与亚洲公路网 AH3 二线相关的横向“千年之路”工程项目目前还在建设中。

第三节　中蒙俄国际通道建设蒙古国项目

一、蒙古国交通基础设施建设项目

蒙古国政府积极融入中蒙俄经济走廊建设中，时刻关注提升三国交通基础设施通达能力的机遇。为了提高铁路和公路运输能力，已开始与国内外投资商合作实施建设新铁路项目。国际通道建设不仅对蒙古国，对中国和俄罗斯都具有重要的地缘政治意义。

发展三国跨境运输基础设施建设需要彼此合作，一方面全球化的发展趋势使国与国之间在经济上的影响越来越大；另一方面亚太地区经济合作越来越密切，国家之间经济方面彼此影响越来越大，世界性经济危机发生概率有所增加，且延续时间较长，所以上述因素促使我们开展合作。

作为依靠能矿产业发展经济的国家，蒙古国今后实施发展铁路项目时，应当发展能够提升价格竞争力与非价格竞争力的市场，建设经济效益高、对经济社会发展具有重要意义的铁路项目。建设铁路项目时不能只靠自己，结合毗邻国家政策和条件才是重中之重。虽然蒙古国已开始制定实施发展铁路新政策，但仍缺少建设铁路的经验。中国在建设铁路方面有着丰富的经验，铁路营运里程目标为 10 万 ~ 12 万千米，其中距离中蒙边境较近的铁路项目有 5 条。

2008 年 6 月 17 日，俄罗斯政府出台《2030 年前俄罗斯铁路运输业发展战略》，计划在 2015—2030 年建设 109 万千米新铁路，西伯利亚大铁路货运量增长 1 亿吨，对“乌兰乌德—纳乌什基”铁路段进行修复[①]。为了发展远东和贝加尔地区，国家预算拨款3460亿卢布以提高连通欧亚运输通道（西伯利亚大铁路、“滨海1号”、“滨海2号”）的运输、通过能力，包括对“乌兰乌德—纳乌什基”公路进行修复[②]。

综上所述，制订蒙古国交通基础设施建设项目相关文件工作正在收尾阶段。包括以下项目：①建设和运营“塔温陶勒盖—嘎顺苏海特”“霍特—毕其格图”铁路；②建成“塔温陶勒盖—嘎顺苏海图”铁路至奥尤陶勒盖支线，西伯库伦—策克口岸铁路；③开工建设宗巴彦—杭吉铁路；④对乌兰巴托铁路进行技术革新，提高通过能力，开工建设“博格达汗”铁路；⑤开工建设“额尔登特—敖包特”铁路。铁路基础设施建设项目，如表18所示。

表18　铁路基础设施建设项目

序号	运行方向	项目投资估算（亿美元）	铁路长度（千米）
1	塔温陶勒盖—嘎顺苏海图	10.31	258.4
2	塔温陶勒盖—赛音山达—霍特—乔巴山	50.0	1080
3	那林苏海图—西伯库伦	1.11	45.5
4	霍特—毕其格图	10.65	228.3
5	宗巴彦—杭吉	10.5	281
6	额尔登特—敖包特	12.0	560
7	博格达汗	5.75	150

二、塔温陶勒盖—嘎顺苏海图铁路建设项目

塔温陶勒盖—嘎顺苏海图铁路建设项目258.4千米基础设施建设于2013年开工，由蒙古国国家财政预算拨款、蒙古国发展银行投资共计3.153亿美元，完成建筑安装工程的52%。因蒙古国经济现状、有限的资源和财政能力、不稳定的政治环境和

① 《2030年前俄罗斯铁路运输发展战略》，http: //doc.rzd.ru/doc/public/ru。

② 《远东与贝加尔地区2025年前社会经济发展规划》，“政府2009年12月28日第2094号决定”，http://www.garant.ru/。

政策以及全球市场主要出口的原材料价格的走低等原因，目前还有 6 亿多美元的融资尚未到位。

塔温陶勒盖—嘎顺苏海图铁路建设项目已完成 86.6%，即 225 千米的土木工程，占总工程的 52%。塔温陶勒盖—嘎顺苏海图铁路建设项目的主要经济效益如下。

（1）塔温陶勒盖—嘎顺苏海图铁路建成运营后，塔温陶勒盖矿的煤炭可以通过铁路运输出口，并通过甘其毛都站与中国铁路网连通。

（2）塔温陶勒盖焦煤和煤炭通过铁路从嘎顺苏海图—甘其毛都口岸出口，每年可运输 3000 万吨产品。

（3）塔温陶勒盖矿出口产品成本可降低 4 美元 / 吨，运输时间缩短，嘎顺苏海图口岸煤炭出口量可增长 2 ~ 3 倍。

（4）可以在短时间内将现今的运输上限从 1000 吨提高到 3000 吨，将国家预算收入增加 2 ~ 3 倍，铁路运价利润所得收入纳入国家预算。

蒙古国产品出口竞争力会得到提高，铁路运输主要产品煤炭在蒙古国境内的运输成本可降低很多。

三、额尔登特—敖包特铁路建设项目

额尔登特—敖包特铁路位于蒙古国库苏古尔省车车尔勒格苏木境内，距苏木政府所在地 30 千米，省会以西 170 千米，鄂尔浑省省会额尔登特市以西 540 千米。

敖包特焦煤矿焦煤藏储量为 2.25 亿吨，连续 21 年每年可开采 1000 万吨符合市场需求的焦煤。该煤矿焦煤可通过苏赫巴托—纳乌什基口岸出口俄罗斯，也可通过二连浩特—扎门乌德口岸出口中国。因地理位置较偏远，只有利用铁路运输才可在市场上竞争。额尔登特—敖包特铁路运营后可运输库苏古尔、布尔干、鄂尔浑等省的矿产品，可提高经济效益，并促进当地旅游业的发展。

建设“敖包特—阿日查苏日”（阿日查苏日是扎布汗省口岸，与俄罗斯图瓦共和国查干陶勒盖口岸相邻）铁路可以直通俄罗斯图瓦共和国首府克孜勒市，与俄罗斯铁路网连接，开辟连通俄罗斯和中国的新铁路线路，可以通过过境运输和海上运输（从西伯利亚南部区运输至目的地，运输距离可缩短 1250 千米）增加运输量。具体而言，有 25 亿吨储量煤炭的乌鲁格赫姆矿（俄罗斯图瓦共和国境内），年运输量可达 4700 万吨。

依据 JORC 标准（澳大利亚矿产储量联合委员会），敖包特焦煤矿焦煤藏储量为 2.25 亿吨，可连续 21 年每年开采 1000 万吨符合市场需求的焦煤。该铁路建设项目途经库苏古尔、额尔登特、布尔干等省，车车尔勒格、查干乌拉、新伊德尔、布伦陶格陶赫、特穆尔布拉格、阿尔善特、陶森清格勒、伊赫乌拉、巴彦阿格特、呼特格温都尔、布嘎特等苏木境内，西部以海拔 1500 ~ 2500 米山区为主，而色楞格河东部地区是海拔 1000 ~ 1500 米的较低地区，该铁路线路将途经 18 条大河，因此在基础设施建设方面需要建 7805 米桥梁，其中包括 57 座较大的桥梁，36 座小桥梁，还要建 231 条管道。

该铁路建设需要 14 亿美元（包括不可预见费和移动设施费），购买移动组件费 2.489 亿美元，年运营成本为 7520 万美元（依据 2013 年 6 月燃料价格）。

根据敖包特焦煤矿技术经济基础研究得出，该矿每年可以输出 200 万吨焦煤，每日需求 5 列货运列车，空车 5 列，共需要 10 列列车。

2016 年起，该铁路路线技术经济可行性研究由中铁第一勘察设计院集团有限公司完成，计划将修建 542 千米铁路，两个主要车站，8 个道口，年可运输 2220 万吨焦煤，每天可运行 18 对列车。额尔登特—敖包特铁路基本指标，如表 19 所示。

表19　额尔登特—敖包特铁路基本指标

序号	铁路等级	根据蒙古国铁路认证MNS—6229二级
1	列车输送能力	1500万吨
2	铁路主线长度	547.4千米
3	轴重	25吨
4	铁路区间线路坡度	0.009%
5	列车最高速度	80千米/小时
6	最低弯曲半径	800米
7	列车运行时间	5天（敖包特—额尔登特—萨勒黑特—扎门乌德—二连浩特）
8	移动设施	机车28个、车皮1210节

续表

序号	铁路等级	根据蒙古国铁路认证MNS—6229二级
9	工作人员数量	446人
10	每千米铁路指数	198万美元

资料来源：SMEC International Ltd.，—ийн гүйцэтгэсэн урьдчилсан шатны ТЭЗҮ，2013он。

铁路运输北线通道（“额尔登特—敖包特”“敖包特—阿日查苏日”铁路建设项目）区域内“阿斯派尔矿业”公司拥有矿山开采权。

四、其他铁路建设项目

（一）巴彦高勒铁路建设项目

在政府发展铁路的政策框架内，2008 年 4 月 9 日颁布的政府第 134 号决议决定宝勒德特木日玉热河有限公司获得 98.5 千米铁路的建设权，其中乌兰巴托铁路玉热站至巴彦高勒矿罕达盖山口共 84.5 千米，采用 P50 钢轨，钢筋混凝土轨枕，碎石道床，现已建设完毕并开始运营。

目前，该区段共有 280 名专业员工，有自动供水系统、与中心连接的变电站、储备电源等设施，在始发站查干哈勒嘎设有 9 条铁轨的 1 级车站，终点站罕达盖特设有 5 条铁轨的 1 级车站，还有两个 5 级 2 条铁轨道口——汗朝鲁特和塔拉布拉格，4 级 3 条铁轨道口，由巴彦高勒铁路遵照蒙古国铁路法、铁路交通通用规则，车站和道口监管行为准则、作业流程与其附件、地方政府规章制度等保障列车的安全运行的技术文件进行运营管理。

为了保障列车的安全运行，车站和道口引进了现代模块计算机系统、半自动电阻、铁路电集成等设备。铁路沿线铺设了光纤电缆，便于乌兰巴托铁路指挥中心、海关总署达尔汗分局和乌兰巴托中心办公楼利用高速网络办理相关运输手续、召开视频会议等。列车调度中心实行 24 小时监控列车的安全运行状况。

货运组织由宝勒德特木日玉热河有限责任公司子公司“蒙古特兰斯里德尔”承担，原铁路局局长于 2012 年 8 月 16 日下达第 122 号决定，集装箱运输流程：准备、接受、装载、运输、卸载、送达。

批准为期 3 年的换装作业服务许可。

铁路基础设施所有者宝勒德特木日玉热河有限责任公司铁路总长 83.7 千米，年运货能力 3000 万吨，拥有列车运行组织半自动闭塞，3003 节车皮、12 辆东风型机车、3 辆俄罗斯 TEM2 型柴油机车在两个主要的车站进行换装作业。

（二）“博格达汗”铁路建设项目

铁路运输中央通道建设中“博格达汗”铁路有着举足轻重的作用。该项目是乌兰巴托市城市发展所需，也是乌兰巴托铁路未来发展建设电气化高速铁路，标准双线铁路的典范工程。亚洲开发银行注资完成了该铁路建设项目的筛选、初步技术和经济指标等工作。现阶段需要进一步细化技术经济指标、办理相关法律和投资手续文件、选定投资商。

乌兰巴托铁路股份公司于 2010 年对该铁路货运量做了预测。该项目与在贺西格盆地（乌兰巴托新机场，位于中央省，距乌兰巴托市 52 千米）将要建设的物流中心密切关联。进出乌兰巴托 40% 的货运量将会转移到该铁路运输，届时，该铁路运输量将会占蒙古国国内长途运输、进出口运输和过境铁路运输总量的 60%。2015—2047 年蒙古国铁路运输量预测情况如表 20 所示。

表20　　2015—2047年蒙古国铁路运输量预测情况　　单位：百万吨

<table>
<tr><th>年份</th><th>铁路运输量</th><th>乌兰巴托铁路运输量</th><th colspan="2">博格达汗铁路运输量</th></tr>
<tr><td>2015</td><td>16.75</td><td>16.75</td><td colspan="2"></td></tr>
<tr><td>2017</td><td>18.46</td><td>7.38</td><td>11.06</td><td rowspan="3">共需求60%</td></tr>
<tr><td>2022</td><td>23.30</td><td>9.32</td><td>13.98</td></tr>
<tr><td>2037</td><td>36.42</td><td>14.57</td><td>21.85</td></tr>
<tr><td>2047</td><td>42.23</td><td>16.89</td><td colspan="2">25.34</td></tr>
</table>

资料来源：蒙古国道路运输发展部，https://mrtd.gov.mn/online-services。

该铁路沿线将途经 14 个人口聚集区，2015 年铁路沿线人口总数为 29546 人，2016 年时增到 30386 人（见表 21）。如表 21 所示，该铁路客运需求量与当地人口数量和人均国民收入有关，旅客客运需求分为国内和国际，以博格达汗铁路客运量占旅客运输总量的 15% 计算，“博格达汗”铁路客运量预测，如表 22 所示。

表21 铁路沿线人口聚集地人口情况 单位：人

序号	城市苏木/人口聚集地	2015年	2016年
1	巴特松贝尔苏木	6792	7081
2	帕尔提赞	6196	6400
3	阿尔山特苏木	1258	1403
4	额莫勒特	3260	3216
5	新机场	867	918
6	色尔格楞苏木	1952	1963
7	杭爱	70	70
8	巴嘎杭爱	4131	4143

资料来源：引用2015—2016年蒙古国人口统计材料。

表22 “博格达汗”铁路客运量预测 单位：万人次

年份	客运量	博格达汗铁路客运量
2015	292.0	—
2017	317.3	47.6
2022	405.0	60.8
2037	633.9	95.1
2047	750.3	112.5

资料来源：蒙古国道路运输发展部，https://mrtd.gov.mn/online-services。

为确定博格达汗铁路为最合理的路线，除了货运、客运量指标，还可参考以下指标：①缩短曼达勒—巴嘎杭爱段运行时间；②缓解乌兰巴托市交通堵塞问题；③提高承载能力；④预计车速 160 千米 / 小时（目前 70 千米 / 小时）；⑤在未来进行电气化改造。

定选该铁路时有 4 条备选路线和 1 条增选路线。该项目研究小组做出的总预算如表 23 所示，每千米铁路建设成本为 830 万 ~ 920 万美元，价格较高，每条路线总成本 14 亿 ~ 15 亿美元，跨度较大是每条路线选择的线路不同、工程项目不同导致，需进一步研究每个线路的合理性。因每千米铁路建设成本较高，技术经济指标需进一步细化。

表23 “博格达汗铁路”建设项目各路线预算情况

序号	支出项目	单位	路线一	路线二	路线三	路线四
1	路线长度	千米	169.81	175.0	167.15	163.30
2	建筑工程支出	百万美元	1329.7	1439.64	1460.03	1440.06
3	环境支出	百万美元	2.36	2.36	2.36	2.36
4	土地征用和安置支出	百万美元	78.33	80.83	77.05	75.4
5	总成本	百万美元	1410.39	1522.83	1539.44	1517.82

资料来源：蒙古国道路运输发展部，https://mrtd.gov.mn/online-services。

（三）“宗巴彦—杭吉”铁路建设项目

“宗巴彦—杭吉”铁路建设项目途经东戈壁省乌兰巴达日赫、库苏古尔等苏木境内，从宗巴彦站至东戈壁省杭吉口岸 281 千米铁路建设项目，是连通中国内蒙古自治区达尔汗茂明安联合旗满都拉口岸的较大型铁路建设项目。

从蒙古国进口铁矿石的包头钢铁（集团）有限责任公司钢产量占中国钢产量的 15%，是具有战略意义的千万吨级钢铁企业，未来 10 年战略需求较为稳定。

蒙古国达尔汗—色楞格区域铁矿石储量为 7 亿吨，其中 2 亿吨铁矿石矿区在乌兰巴托铁路沿线附近（铁路两侧 200 千米以内），蒙古国近两年每年铁矿石开采量为 600 万吨，其中 400 万 ~ 500 万吨出口至中国包头钢铁集团，出口量与包头钢铁集团的需求量相关。蒙古国钢铁工业协会对从杭吉—满都拉口岸出口铁矿石非常感兴趣。“宗巴彦—杭吉”铁路建设项目运营后运输路线长度将从 1820 千米缩短至 1502 千米，缩短 318 千米，运输成本可降低 4 ~ 8 美元 / 千米，可以与中国和澳大利亚铁矿石供应商竞争，供应量可从 400 万吨增长至 1000 万吨。

该铁路建设项目使用 1435 毫米窄钢轨，拥有宗巴彦和杭吉两个车站、10 个铁路道口，可以从铁路线路途经的东戈壁省矿山（储量为 1.5 亿吨）运输 200 万 ~ 400 万吨焦煤，30 万 ~ 50 万吨铜矿粉（查干苏布日嘎、额尔登特），也可以从俄罗斯向包头市过境运输 100 万 ~ 600 万吨石油，100 万立方米木材。该铁路运营后还可以分担现阶段杭吉口岸出口至中国的 150 万吨货物和通过乌兰巴托铁路出口至中国包头、呼和浩特的 100 万吨货物的一定份额，还有可能运输包头—宗巴彦 100 万 ~ 200 万吨进口货物（建材、金属制品、石油产品、机械设备、重型机械），因此，该铁路具有重要的战略意义。从上述分析可以得出该铁路运输量最低可达到 1500 万吨，这是建设宗巴彦—杭吉—满都拉—包头铁路的重要依据。

“宗巴彦—杭吉”铁路运营后向中国内蒙古自治区重要工业城市包头市供应的蒙古国产品及货物因运输时间缩短和成本降低，将提高其竞争力，对蒙古国经济发展也具有重要的意义。

在国家制定的铁路运输政策中，在第一阶段计划建设的宗巴彦—杭吉铁路项目框架内，2016 年 12 月蒙古铁路国有资产经营有限公司与中国中铁公司签署了合作意向书，在 2017 年 6 月交付技术经济指标。

（四）蒙古铁路国有资产经营有限公司特穆尔台铁路建设项目

蒙古铁路国有资产经营有限公司所属的 33.4 千米特穆尔台铁路使用集成微处理器和半自动闭塞系统、全程监控系统，列车调度指挥中心位于特穆尔台火车站，管理与控制中心系统对全部车站和道口野外设备进行远程自动化管理、对列车运行进行监控。

特穆尔台铁路共有 10 条铁轨，4 条货运专用铁轨，6 条货物到达专用铁轨，铁路通行能力为 300 节车皮。美国生产 Evolution MR 1001 型机车一台；俄罗斯生产的 utio 型柴油机车两台。

蒙古铁路国有资产经营有限公司有主干线运行机车 8 台和调车机车 1 台，空气包罐车 185 台，无空气包罐车 10 台，有底架罐车 50 台，底卸式罐车 57 台，检修维护车 8 台（路障机、栏杆机 2 台，路面冷再生机 2 台，清洁车、密封胶灌装机 2 台，安装用轨道车）。

综上所述，“塔温陶勒盖—嘎顺苏海图”267 千米铁路建设项目需要投入 10.31 亿美元资金，“塔温陶勒盖—赛音山达—霍特—乔巴山”1080 千米铁路建设项目需要投入 50 亿美元资金，“那林苏海图—西伯库伦”45.5 千米铁路建设项目需要投入 1.11 亿美元资金，“霍特—毕其格图”228.3 千米铁路建设项目需要 10.65 亿美元资金，“宗巴彦—杭吉”281 千米铁路建设项目需要投入 10.32 亿美元资金，“额尔登特—敖包特”560 千米铁路建设项目需要投入 12 亿美元资金，“博格达汗”150 千米铁路建设项目需要投入 5.75 亿美元资金。7 条铁路建设项目共需要 100.32 亿美元资金。这些项目里“塔温陶勒盖—嘎顺苏海图”铁路建设项目亟须建成，2013 年起该铁路项目基础设施所需资金由国家和蒙古国开发银行注资。现土木工程已完成 86.6%，建筑安装工程已完成 52%。

建设“塔温陶勒盖—赛音山达—霍特—乔巴山”铁路项目，首先需要对“额仁查布—巴彦图门”路段进行修复，“额仁查布—巴彦图门”路段基础设施老化，车站、道口已不能保障安全运行。

“额尔登特—敖包特”铁路建设项目技术经济可行性研究由中国中铁第一勘察设计院集团有限公司完成，该铁路建成后可从敖包特铁路运输 1000 万吨焦煤，也可从俄罗斯乌鲁格赫姆矿年运输 4700 万吨煤炭。

“宗巴彦—杭吉”铁路项目建成后，不仅可以从蒙古国铁矿石储量为 7 亿吨的达尔汗—色楞格省区域运输矿产品，还可以从东戈壁省运输煤炭、铜精矿、石油至中国。

随着蒙古国新国际机场的建设，“博格达汗”铁路建设项目的重要意义也随之凸显，虽然该铁路成本较高（每千米 830 万 ~ 920 万美元），但可以缓解乌兰巴托铁路的负荷，承担起国内 60% 的运输量。

第五章

俄罗斯远东与西伯利亚地区交通运输发展现状与愿景

第一节　俄罗斯东西伯利亚交通运输通道发展情况

在当今世界上，俄罗斯仍保持着铁路大国的地位。俄罗斯全国铁路营业总里程达 17.5 万千米，占世界铁路营业总里程的 12.7%，世界排名第二，铁路旅客周转量占世界的 7%、货物周转量占世界的 23%。铁路运输占俄罗斯国内旅客和货物周转量的 40%、外贸运输的 45%。世界上最长的铁路是莫斯科至符拉迪沃斯托克的西伯利亚大铁路（总长度为 10000 千米），2001 年举办了铁路建成 100 周年庆典。1990 年后因该国经济、社会、政治转轨，苏联时期所建立的企业之间的关系断裂，致使铁路运输量减少，亚太地区主要以中国运输矿产品和原材料为主，要改变运输结构需要大量的投资。

与俄罗斯其他地区相比，远东和贝加尔地区的交通基础设施十分薄弱。该地区的铁路密度仅相当于俄罗斯平均水平的 1/3.6，在楚科奇自治区、马加丹州、堪察加边疆区甚至不通铁路。远东和贝加尔地区的主要交通干线——西伯利亚大铁路和贝加尔—阿穆尔干线需要提高运输能力，2010 年之后 90% 的铁路运载能力将达到警戒水平，首先是进入港口、大型工业区和新矿区的路段。

目前，苏赫巴托尔—纳乌什基口岸每天开行列车 12 ~ 14 列，日平均过货量为 715 吨，月过货量为 21450 吨，年过货量为 260975 吨，口岸通过能力利用率为 80%。扎门乌德—二连浩特口岸宽轨铁路每天开行列车 12 列，按每列车 55 ~ 60 节车皮计算，日过货量为 660 吨，月过货量为 19800 吨，年过货量为 240900 吨，口岸宽轨铁路通过能力利用率为 100%，二连浩特—扎门乌德口岸窄轨铁路每天开行列车 6 列，按每列车 55 节车皮计算，日过货量为 300 吨，月过货量为 9000 吨，年过货量为 109500 吨，口岸窄轨铁路通过能力利用率为 50%，如表 1 所示。

表1　　蒙古国、俄罗斯、中国口岸国际列车和过货量

序号	单位	苏赫巴托尔—纳乌什基	扎门乌德—二连浩特（宽轨）	扎门乌德—二连浩特（窄轨）
1	每天开行列车数量（列）	12 ~ 14	12	6
2	车皮数量（节）	55 ~ 60	55 ~ 60	55
3	日过货量（吨）	715	660	300
4	月过货量（吨）	21450	19800	9000
5	年过货量（吨）	260975	240900	109500
6	通过能力利用率（%）	80	100	50

资料来源：蒙古国道路运输发展部，https://mrtd.gov.mn/online-services。

蒙古国北部苏赫巴托尔—纳乌什基口岸、南部二连浩特—扎门乌德口岸日过货量为 1675 吨，月过货量为 50250 吨，年过货量为 611375 吨。中蒙俄三国每年根据经济情况、货物周转量、需求量等，通过铁路协议确定上述口岸的过货量。但目前周转量不能完全满足三国贸易额，需要加强北部苏赫巴托尔—纳乌什基口岸和南部二连浩特—扎门乌德口岸宽窄轨铁路的通过能力。跨境货物运输宽轨（1520 毫米）和窄轨（1432 毫米）进行换轨时，根据国际建筑 CI 体系标准认定，口岸通过能力利用率为 50%。例如，二连浩特—扎门乌德之间每天有 9 列车 48 节车皮进行换轨。单方向 452 节空车皮需要支付的费用为 19406.25 瑞士法郎，再加 9 个机车的租费，空车运输每天还需要向蒙中两个口岸支付 24367 美元，每月支付 73.1 万美元，每年支付 880 万美元。

因此，需要通过中蒙俄三国每年举办的三国铁路边境会议协调口岸运输，商讨解决跨境货物运输双向载货事宜，加大口岸铁路运输利润，最大限度地利用口岸通过能力。

铁路作为俄罗斯交通运输系统的不可或缺的部分，能为国家和个人、企业及时提供高质量的运输服务，保障国内统一的经济空间，为国家经济发展做出重要的贡献[①]。

目前，俄罗斯铁路运输行业有 120 万名员工（占总就业人口的 2%），铁路运输周转量占该国货物总周转量的 43%（包括天然气管道运输）、占旅客运输周转量的 40%（不含国内水路和海洋运输）。

铁路运输分为公共运输和非公共运输。非公共运输是指运输单位为了满足自己

① 关于俄罗斯联邦铁路运输事宜，见《俄罗斯联邦宪法》第17款（2003年5月19日生效）。

需求的运输，铁路运输调度监管由参与该领域发展的俄联邦国有“俄罗斯铁路”股份公司负责，其在俄罗斯铁路服务市场占有垄断地位。“俄罗斯铁路”股份公司在《俄联邦铁路法》框架下按以下原则运营：①确保铁路运输的安全稳定；②提供便捷、安全、高质量的运输服务；③促进铁路运输服务行业的市场竞争力；④确保俄罗斯运输系统的协调运营。

铁路运输移动设备是指包括机车、车皮、车厢等和保障运输与基础设施正常运行的铁路可移动设备。运输过程是指旅客、行李、货物被移动的过程。通过运输过程，旅客或货物被移动了一定距离，即完成了运输工作。铁路运输服务消费者（客户）是指旅客、发货人、接货人、购买铁路服务的私人、法人、单位和私人企业家等。基础设备所有者是指通过获得许可证和协议，有使用基础设施权利、提供铁路运输服务的单位或个人。运输者是指根据承运任务，将委托人的货物通过铁路运送至目的地，交给货物接收者或其委托人的单位或个人。铁路可移动设备运营商，是指使用自己所有的车皮和集装箱与运输单位签署合约运营运输活动的单位或个人。

2007 年通过的《俄联邦铁路 2030 年前发展战略》中决定，为了铁路安全运行，新建 20000 千米铁路网。在此战略中为了增强“贝加尔—阿穆尔”铁路和“西伯利亚大铁路”的通过能力和运输能力，于 2013 年启动基础设施改建，2013—2019 年，完成 400 个铁路改建工程项目，改建工程大概需要 2000 亿卢布。

仅在远东地区铁路改建工程就有 236 个，包括①对 66 个车站间的铁路区段进行改造；② 13 个车站间设铁路站线；③ 11 个车站间建双线铁路；④新建 7 条支线；⑤新建 14 座发电站；⑥改造机车站，改善 37 个货车运输设施；⑦对 29 个基础设施进行修复，目前已修建一座可抗拒自然地理重大灾害的第二隧道；⑧ 2016 年，远东铁路主干线贝加尔—阿穆尔铁路第二条线路已开始运营。

一、机车企业

2015—2016 年，为了确保“贝加尔—阿穆尔”铁路运输量的增长，“俄罗斯铁路”股份公司成立了新的机车公司。2015 年 7 月 30 日，在大卢格站建立了机车车辆检测站，投资项目运营后可提高远东铁路大卢格—斯柳江卡—2段最复杂路段的通过能力，这样可以提高机车的利用率并节省能源提高效益。

二、铁路调度指挥中心

2016年“俄罗斯铁路”股份公司在东西伯利亚铁路段建立了铁路调度指挥中心，该中心对克拉斯诺亚尔斯克、东西伯利亚、外贝加尔边疆区、远东地区的铁路运输情况进行调度指挥。该中心负责机车调度、货场及检修服务的管理和基础设施的修复，并新建了调度员指挥段，提供舒适的休息环境以便于调度员开展工作。建立该中心是将火车运行计划和运行组织的权限分化到地方进行管理的重要举措。

三、铁路消费者服务中心

2014年“俄罗斯铁路”股份公司在伊尔库茨克市成立了第一个消费者服务中心，成立后共接收25000个预订单，签署了1400多项运输协议。

2016年9月，“俄罗斯铁路”股份公司为满足中小企业家的要求，成立了东西伯利亚铁路第二个消费者服务中心，即乌兰乌德消费者服务中心。该中心为消费者提供装载、运输、货物接收等运输物流服务。服务中心为消费者提供装载、卸载、委托、集装箱运输、报关、仓储业务等一站式服务。

乌兰乌德消费者服务中心除了办理在布里亚特共和国境内的过境运输，还可办理包括国家重要经济货物的运输和出口业务，所以需要进一步简化与“俄罗斯铁路”股份公司之间的货物运输流程。

四、铁路客户综合服务中心

2016年，俄罗斯乌兰乌德铁路客户综合服务中心收到4000份请求函，主要包括运价结算、运货请求、签署运输合同等服务。除此之外，客户还可以通过服务中心了解掌握货物运输过程中的相关信息，可为客户办理相关手续。2016 年处理了 2797 份运输文件，签署了 73 份运输合同。

乌兰乌德客户综合服务中心是“俄罗斯铁路”股份公司第一个自主办理铁路物流服务的部门。服务中心与东西伯利亚铁路公司为客户提供“一站式”服务，还同“俄罗斯铁路”股份公司分公司合作开展“一站式”服务。

第二节 “俄罗斯铁路”股份公司

“俄罗斯铁路”股份公司在俄罗斯铁路行业占有垄断地位，与该国社会经济发展密切相关，为人们提供运输服务、制定运价。俄罗斯铁路复线长度为 4.34 万千米，运营里程为 8.53 万千米。

一、硬件条件

俄联邦“俄罗斯铁路”股份公司有 16 个分公司，东西伯利亚铁路公司是其中之一，负责西伯利亚大铁路旅客运输和货物运输工作。“俄罗斯铁路”股份公司铁路运输移动设备数量如表 2 所示。

表2 “俄罗斯铁路”股份公司铁路运输移动设备数量 单位：个

序号	种类	数量
1	长途运输机车（电力和内燃机车）	11800
2	各种车皮车厢	196300
3	牵引机车（内燃机车）	5900
4	旅客运输机车（电力和内燃机车）	3100
5	旅客长途运输车厢	21000
6	城市周围客运火车	14300
7	合计	252400

资料来源：俄罗斯铁路股份公司，https://www.rzd.ru/。

伊尔库茨克州和布里亚特共和国铁路公司资产情况、运输行业新建铁路情况如表 3、表 4 所示。

表3　　伊尔库茨克州和布里亚特共和国铁路公司资产情况

数据	年份	布里亚特共和国	伊尔库茨克州
固定资产（亿卢布）	2010	1282.0	5126.0
	2011	1308.0	5709.0
	2012	1327.0	6380.0
	2013	1381.0	3680.0
	2014	1819.0	3903.0
	2015	1541.0	4040.0
固定资产损耗（%）	2010	18.4	15.6
	2011	19.8	20.0
	2012	21.0	24.2
	2013	23.6	34.8
	2014	28.7	38.2
	2015	27.3	42.3

资料来源：俄罗斯铁路股份公司，https://www.rzd.ru/。

表4　　伊尔库茨克州和布里亚特共和国运输行业新建铁路情况　　单位：千米

	2000年	2005年	2010年	2011年	2012年	2013年	2014年	2015年
	新投入使用的铁路长度							
布里亚特共和国	—	7.1	—	—	—	—	—	—
伊尔库茨克州	—	24.6	1.0	—	—	0.3	0.3	—
	新投入使用的铁路复线长度							
伊尔库茨克州	—	—	0.2	0.7	1.0	—	3.7	47.9
	新投入使用的沥青混凝土路长度							
布里亚特共和国	10.5	10.3	19.0	29.0	75.5	73.8	15.2	24.9
伊尔库茨克州	103.2	46.7	55.6	29.7	22.0	73.7	42.0	65.5

资料来源：俄罗斯铁路股份公司，https://www.rzd.ru/。

二、西伯利亚铁路的优劣势

西伯利亚大铁路是俄罗斯基础设施发展规划中重点发展的一条通道，这条铁路在诸多方面发挥着重要作用，它不仅从远东和贝加尔地区向俄罗斯市场及亚太国家市场输送产品，还要发展进出口货物运输和国际货物过境转运，并且充当着亚太国家和欧洲沟通的桥梁，是伊尔库茨克州和布里亚特共和国交通运输大动脉。西伯利亚大铁路年运输 5000 多万吨货物，主要货物包括原木材、煤炭、有色金属、石油化工产品。1986 年贝加尔—阿穆尔铁路开始运营。

该铁路的优势主要有：①拥有强大的国内运输和过境运输能力；②不受天气、季节、时间的限制；③运输装载能力高；④运价相对低；⑤物流运输优惠；⑥长距离货物运输可以短时间内送达。

劣势主要有：①运输企业数量有限；②生产、技术基地资金投入大；③运输中材料和能源需求量大；④终端消费少；⑤货运仓储不充足等。

三、东西伯利亚铁路基本情况

东西伯利亚铁路总长度（伊尔库茨克州、布里亚特共和国、外贝加尔边疆区）8737 千米，正线（包括与站线重叠的部分）6235 千米，站线长度（车站间的双线铁路长度）2500 千米。2016 年东西伯利亚铁路货运量为 4810 万吨，与 2015 年相比下降 3.4%。

东西伯利亚铁路营业里程共 3876 千米（不包括双线铁路长度，包括伊尔库茨克州境内的铁路长度为 2506 千米）。伊尔库茨克州铁路密度 3.2 千米 / 千平方千米。

东西伯利亚铁路电气化改造路段总长度为 3089 千米，内燃机车行驶路段为 760 千米。“俄罗斯铁路”股份公司在东西伯利亚铁路段有 4100 多名员工。

2010 年 4 月 1 日起，长途客运由“俄罗斯铁路”股份公司子公司联邦旅客运输公司运营。2011 年 5 月 1 日起，布里亚特共和国与伊尔库茨克州境内的城际列车由贝加尔城际客运公司运营。

2016 年，东西伯利亚铁路公司拥有机车 761 辆，客运车厢 955 节，货运车皮 5092 节，共运输旅客 1402.6 万人次。东西伯利亚铁路货物运输量和旅客运输量详见附件 7。2016 年东西伯利亚铁路货物运输量与 2012 年相比下降 12.3%，其中原木和木材运输量增长 18.3%、石油运输量下降 33.2%、铁矿石运输量下降 32.9%，旅客运输量下降 27.4%。运输结构中，货物总量的 47.9% 为煤炭、19.9% 为木材、16.8% 为石油。

2016 年东西伯利亚铁路在伊尔库茨克州境内的货物运输量占东西伯利亚铁路运输货物总量的 73.3%，煤炭占 23.7%、原木和木材占 18%、石油占 16.8%、铁矿石占 12.9%。东西伯利亚铁路在伊尔库茨克州境内的货物运输量和旅客运输量详见附件 8。

四、“俄罗斯铁路”股份公司运价

俄罗斯铁路运价分为货物运价和旅客运价。货物运价是根据运输的距离、货物的种类、选择的运输方式是车皮或集装箱等来制定，贵重物品运价较高。

旅客运价分为长途运输运价和城际列车运价。长途运输运价根据列车的种类（企业用、快速列车、乘用列车等）和车厢种类（硬座、硬卧、软卧等）、距离、季节和机车而定。城际列车运价与区域、距离、列车付费方式（一次性或长期）、消费者类型（日常、优惠季）有关。众所周知，俄罗斯铁路旅客运价高于旅客运输成本。

近几年俄罗斯对铁路运价进行了大幅度的调整，包括以下四个方面。

（1）为了完善铁路运价机制，“俄罗斯铁路”股份公司（货运利润补贴客运亏损）运输亏损由国家预算补贴。2009 年“俄罗斯铁路”股份公司由国家预算补贴 500 亿卢布，学生享受 50% 的优惠。

（2）开始实施根据季节调整旅客运价的措施。2009 年 1 月 1 日起硬卧、硬座、长途票价比 2008 年优惠 19%，卧铺票价比 2008 年优惠 26%。其中，2009 年 1 月 1 日起优惠 8%，4 月 1 日起优惠 3%，根据月份调整运价。

（3）根据运输自身的成本和费用、货运的类型和性质，已经实行差别运价，有助于合理地制定运价体系和运价等级。

铁路距离、运输条件、可移动设施的种类（互补、专用）、车皮和可移动设备的所有权（“俄罗斯铁路”股份公司、租用、私有）和货运方式（集装箱、散货、车皮）

等因素对运价系统有很大影响。

将固定的运价向灵活性运价或浮动性运价转变。换句话说，铁路运价受运输企业使用的材料价格浮动影响（燃料、电力、材料等），同时受工资水平、社会和其他费用影响，采取灵活性运价会提高铁路的竞争力。

（4）制定与结算有关的运价系统。在此基础上注资铁路系统各部门，客运和货运收入进行分开管理。制定新运价系统是为了更好地进行价格结算、补贴运价、纳税、注资基金、补贴社会费用等。

第三节　俄罗斯东西伯利亚铁路运输“塔利茨”物流中心

俄罗斯远东和西伯利亚地区交通领域目前还没有“运输—仓储—通关—配送”基础设施的一体化物流体系。“塔利茨”物流中心是该区域的重要物流节点，即西面（伊尔库茨克市）、东面（赤塔市、外贝加尔）、南面（纳乌什基、恰克图）3个方向铁路汇聚的节点。

“塔利茨”物流中心拥有3条装卸重型货物、木材的铁路，可同时装载24 ~ 25个车皮，有2条可运载20吨或40吨集装箱的装卸铁路，可同时运载14 ~ 15个车皮，装载重型货物（1节车皮）高台。4条车皮停止、换装线路，MKK停止、换装线型32吨起重机2台，K30H型32吨起重机1台，KK–12.5型12.5吨起重机1台，CC–6.3型6.3吨起重机3台，KKS–10型10吨起重机2台，称量货物重量的电子秤、办公室和其他建筑等设施，进行全方位监控。

“塔利茨”物流中心根据车皮、集装箱、公路运输的海关检验方式不同分为

4个区域，仓储货场分为两部分，一个货场可同时对10个车皮进行检验、卸货、装载、仓储和分拣；另一个货场专为空运、公路运输和铁路运输的货物进行临时储存。

2007年10月4日建造了临时仓储场所，临时储存货物，根据相关法律进行全方位的组装。临时仓储场所面积为3000平方米，拥有封闭式仓库间34个，可以容纳10节车皮的铁路，2个检验场所。临时仓储场所拥有1449平方米的敞开式货场，其中809.55平方米可以存货，还有7个检验间。

临时仓储场所由装卸技术设备组装的4个电子秤、1.5吨和3吨装载机、2个红外线监控组成。临时仓储场所具有以下功能：清关期间办理相关通关手续；清关期间将相关手续送到海关；临时仓储；对临时仓储的货物进行结算、出报告；海关申报服务（海关和报关公司）；对储存货物进行海关检验；进行红外线和X射线检验；装载卸载货物，称重；检查工作。

临时仓储场所在布里亚特共和国海关乌兰乌德市办事处附近。目前“塔利茨”物流中心是布里亚特共和国境内唯一有临时仓储场所的物流中心，在海关法律法规允许的范围内，在临时仓储场所和海关监管区作业。

第四节 俄罗斯伊尔库茨克州和布里亚特共和国道路交通发展情况

俄罗斯远东和贝加尔地区硬路面公路密度比俄罗斯全国平均水平低较多。全年不能通向主要公路网的居民点约有1400个，联邦及地区级公路里程的50%无法正常行驶，行驶条件危险的路段占20%。根据2012年11月29日俄罗斯联邦国家委员会主席团会议结果产生的俄联邦总统指令清单，将重点发展“阿穆尔”“勒拿”“乌苏里”“科雷姆”“维柳伊”等公路。

一、伊尔库茨克州道路交通发展现状

俄罗斯伊尔库茨克州公路总长 16824 千米，其中 10891 千米为沥青混凝土路。俄罗斯平均道路硬化率为 70.4%，伊尔库茨克州为 64.7%，有些硬化路区段质量一般。

伊尔库茨克州公路网按行政功能划分，994 千米属于国道，18530 千米为省道。由三条高速路组成道路网，M53“贝加尔”（伊尔库茨克州—克拉斯诺亚尔斯克市）长 749 千米，M55（维德里诺村—伊尔库茨克州）长 186 千米，IP-418（伊尔库茨克州—乌斯季奥尔达）长 59 千米。2016 年，伊尔库茨克州公路基础设备有 14772 辆货车，其中可以使用的 13306 辆。2016 年，旅客运输量为 14713.1 万人次，旅客周转量为 16.8 亿人千米，如图 1 所示。2015 年，伊尔库茨克州货物运输量为 12827 万吨，其中 97.2% 为铁路运输，2.8% 为公路运输。近 10 年铁路运输量增长 1.6 倍，公路运输量增长 1.7 倍。

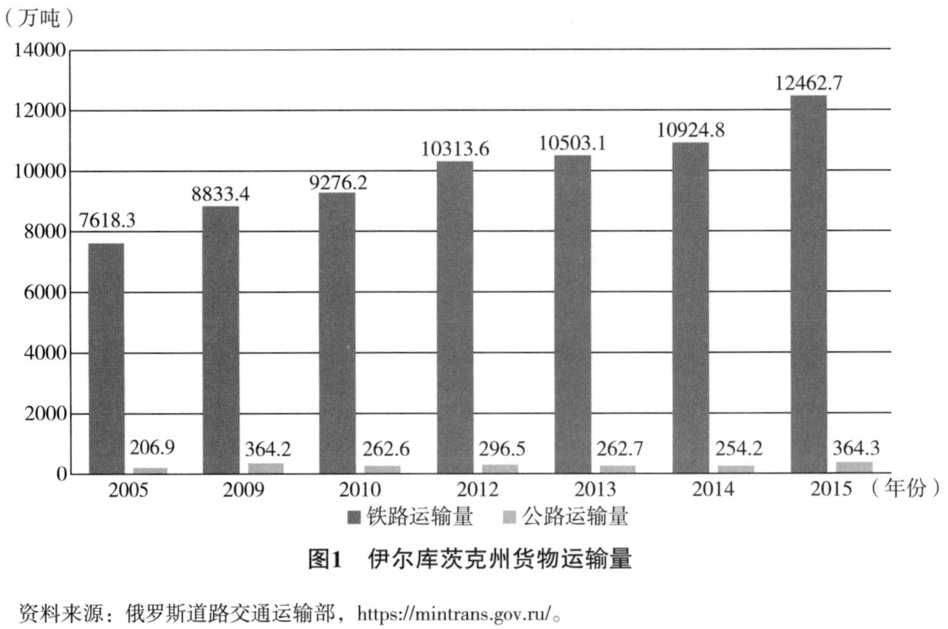

图1　伊尔库茨克州货物运输量

资料来源：俄罗斯道路交通运输部，https://mintrans.gov.ru/。

二、布里亚特共和国道路交通发展现状

布里亚特共和国道路交通发展现状如表5、表6所示。

表5　　2017年布里亚特共和国道路情况

数据	单位	年初情况	年末情况
1.公路总长度	千米	835.8	835.8
硬化路长度	千米	835.8	835.8
修缮的道路长度	千米	835.8	835.8
水泥混凝土路长度	千米		
沥青混凝土路长度	千米	683.2	733.1
硬化路面积	千平方米	6624.6	6735.8
修缮的道路面积	千平方米	6624.6	6735.8
水泥混凝土路面积	千平方米		
沥青混凝土路面积	千平方米	5542.2	6003.4
数据	单位	年初情况	年末情况
2.交通设施			
其中：道路桥梁	座	124.0	125.0
梁式桥	米	6103.0	6131.7
石头和混凝土桥	座	109.0	110.0
	米	3904.1	3932.8

资料来源：俄罗斯道路交通运输部，https://mintrans.gov.ru/。

表6　　2017年布里亚特共和国道路情况

数据	单位	年初情况	年末情况
石头和混凝土桥面积	千平方米	36.5	36.7
铁桥	座	7.0	7.0
	米	1662.2	1662.2
铁桥面积	千平方米	14.7	14.7
木桥	座		
	米		
道路走廊带	个		
	米		
人行通道	个	1.0	2.0
	米	14.0	39.2

续表

数据	单位	年初情况	年末情况
其中：梁式桥	座		1.0
	米		25.2
人行通道梁式桥面积	千平方米		0.057
地下人行通道	个	1.0	1.0
	米	14.0	14.0
地下人行通道面积	千平方米	0.084	0.084
地下管道	个	961.0	968.0
	米	20994.7	21377.6
其中：钢筋混凝土、混凝土、石头管道	个	803.0	800.0
	米	17174.1	17024.9
铁质管道	个	158.0	168.0
	米	3820.6	4352.7

资料来源：俄罗斯道路交通运输部，https://mintrans.gov.ru/。

根据中期预测，到2020年布里亚特共和国运输服务总需求量将增长18% ~ 20%，说明商品流通、价格水平、国内外市场中的竞争力受运输影响很大。今后需要更加关注运输行业对经济发展的影响。

如表7所示，2016年“俄罗斯铁路”股份公司布里亚特共和国铁路运输货物种类中，煤炭占运输总量的26.6%，石油和石油产品占运输总量的20.2%，铁矿石、铜矿石占运输总量的18.9%，原木和木材占总量的14.4%。2016年运输总量比2015年少168000万吨，但石油和石油产品增长7700万吨。

表7　　2015—2016年布里亚特共和国铁路运输货物种类

货物种类	2015年		2016年	
	运输量（万吨）	比例（%）	运输量（万吨）	比例（%）
煤炭	1285700	25.9	1278000	26.6
石油和石油产品	963100	19.3	970800	20.2
铁矿石、铜矿石	1011400	20.3	907400	18.9
原木和木材	766200	15.4	695600	14.4
其他	952700	19.1	959300	19.9
运输总量	4979100	100	4811100	100

资料来源：俄罗斯铁路股份公司，https://www.rzd.ru/。

综上所述，俄罗斯铁路总长为17.5万千米，电气化铁路总长10.4万千米，货物周转量占世界总量的1/5，这些数据表明俄罗斯依然是铁路强国。

1990年后，因俄罗斯经济、社会、政治转轨，苏联时期所建立的企业之间的关系断裂，影响了铁路货物运输量。亚太地区，特别是中国以运输矿产品和原材料为主，铁路运输负载减少，但该国政府采取了大量的措施，对“俄罗斯铁路”股份公司附属东西伯利亚铁路更新改造、提升西伯利亚大铁路技术与基础设施指标、更新运输和移动设施。

“俄罗斯铁路”股份公司附属东西伯利亚铁路每年运输5000万吨货物，目前有下降趋势，铁路车站货物运输量也随之下降。东西伯利亚铁路运输的货物以石油、石油产品、煤炭、铁矿石、铜矿石、原木、木材等为主。

伊尔库茨克州、布里亚特共和国境内货物运输的97%为铁路运输，公路运输占比极小。

自2013年起，为了提高“贝加尔—阿穆尔”“西伯利亚大铁路”的通过能力和经济效益，“俄罗斯铁路”股份公司对基础设施进行了改造，修建了236个工程。如：建设了机车车辆检验站，为了增加西伯利亚大铁路的通过能力实施了“大卢格—斯柳江卡—柳江”项目，建立了东西伯利亚铁路段运输指挥调度中心，在乌兰乌德市建立了提供一站式服务的消费者服务中心和客户综合服务中心。

总体而言，俄罗斯政府在伊尔库茨克州和布里亚特共和国新建的交通道路侧重了公路的建设。2015年，伊尔库茨克州和布里亚特共和国境内修建公路90.4千米，其中72.4%在伊尔库茨克州境内，27.6%在布里亚特共和国境内。伊尔库茨克州新建铁路47.9千米，布里亚特共和国没有新建铁路。

东西伯利亚铁路“塔利茨”物流中心有集装箱换装、卸载、分流功能，目前，物流中心功能可以满足俄罗斯东西伯利亚、外贝加尔边疆区的运输和物流的需求。

第六章

《建设中蒙俄经济走廊规划纲要》框架内建设铁路东线通道的可行性研究

第一节　建设国际铁路东线通道的依据、外部环境

一、建设国际铁路东线通道的依据

蒙古国远离海洋和海上运输线，属于无出海口内陆国家，经济结构单一，在国际市场上出口商品以矿产品和畜牧产品为主，进口则主要为日用产品。国内外运输成本较高，对于蒙古国来说，铁路货物运输和旅客运输是成本最低的交通运输方式。

一方面，中俄经贸合作持续扩大，大型采矿业的实施促进了经济增长，对客运和货运周转量的提高产生了积极影响。国内、国际道路运输周转量和运输行业的需求、运价也发生了巨大的变化，因此，蒙古国物流运输行业也面临很多新的机遇和考验。另一方面，世界矿产品价格下降，蒙古国和贸易主要伙伴国经济增速放缓、外债增多、财政紧缩，对客运和货运周转量、物流运输行业产生负面影响，存在一定的风险。因此，需要结合机遇和风险，有依据地、综合地研究出多种方案。

目前，蒙古国铁路主干线利用率接近上限，为了应对过境运输量即大型矿产运输周转量的增长，提高通过能力、加大投资力度刻不容缓。

如表 1 所示，近 3 年来，乌兰巴托铁路的运输能力利用率达 76.8% ~ 90.1%，运输量再有小幅增长就会超出负载能力。因此，修建可以保障毗邻国家和国内运输周转、可以承载矿产业大型新项目运输任务的新铁路是蒙古国发展面临的紧迫任务。因此，除了发展中线通道，还需要发展其他通道，例如建设西线和东线运输通道也是国内外需求所在。

表1　　2015—2017年乌兰巴托铁路通过能力利用情况

序号	指标	2015年	2016年	2017年
1	乌兰巴托铁路货物运输量（万吨）	1915	1996	22.7
2	乌兰巴托铁路运输能力（万吨）	2500	2500	25.0
3	运输能力利用率（%）	76.8	78.8	90.1

资料来源：蒙古国道路交通运输发展部统计。

近几年来，发展建设过境中蒙俄三国运输通道的国内外政治、政策环境已形成，从学者的角度出发，现已针对过境铁路运输通道问题进行了具体研究并召开了工作会议。我们还结合相关会议、研讨会、毗邻国家官员和学者的研究材料等，进一步研究建设途经我国铁路网的基础环境条件，并以下列表格中的研究结果作为参考。

表2　　2015—2017年毗邻国家发展过境蒙古国铁路基础设施网络的需求

毗邻国家	政策情况	财政资源情况	受蒙古国单方影响
中国	“一带一路”倡议框架内出台了稳定的政策	符合该国利益的投资潜力大	受单方面影响情况在一定层面上有增加的趋势
俄罗斯	根据实际情况制定相关政策，受潜在机遇影响	投资财务资源有限	俄罗斯投资量增长符合蒙古国多支点外交政策，可以改善毗邻国家投资平衡情况，但在实际工作中可能需要更长时间

资料来源：课题组根据相关材料统计整理。

以上研究结果仅为我们学者的观点，不代表蒙古国政府的立场，但我们可以关注国家政策的执行与落实情况。

《建设中蒙俄经济走廊规划纲要》中包括32个项目，其中7个项目涉及铁路建设，铁路建设项目中3个项目与东部地区有关。

（1）研究铁路东线[博尔贾—索洛维耶夫斯克—额仁查布—乔巴山—霍特—毕其格图—锡林郭勒（珠恩嘎达布其）—赤峰—朝阳—锦州—盘锦]，具备经济可行性依据时，开始实施该项目。

（2）研究“图们江运输通道”（滨海2号）（乔巴山—松贝尔—阿尔山—乌兰浩特—长春—延吉—珲春—扎鲁比诺），具备经济可行性依据时，开始实施该项目。

（3）研究“滨海1号”铁路运输走廊（乔巴山—松贝尔—阿尔山—满洲里—齐齐哈尔—哈尔滨—牡丹江—绥芬河—符拉迪沃斯托克—纳霍德卡），具备经济可行性依据时，开始实施该项目。

这些项目能否实施与国内外环境和发展决策有关，首先应该研究相关政策依据。

二、建设铁路东线通道的意义

我们认为途经蒙古国东部区域，连通中国、俄罗斯的运输通道是真正意义上的跨境运输国际通道。该通道的重要节点在蒙古国东部区域，因此，应根据需要兼顾毗邻国家，特别是从区域发展需要的角度来说更需要双重关注。换句话说，首先要了解建设东线通道的意义。国际运输通道发展的根本在于该区域的经济发展状况。目前，中国境内相关节点区域经济活力指数高，而中国东部区域和俄罗斯远东地区虽然发展潜力巨大，但经济活力不够。在此环境下建设该通道时需要扶持相对落后的地区，将国际区域经济中相对落后的地区与发展较快的地区连接起来，发挥资源优势和潜力，为区域经济发展提供必要的自然资源，为彼此提供更大更稳定的发展空间。

东线通道可以连接朝鲜半岛与欧洲腹地，所以该通道发展前景非常广阔。铁路东线通道的发展和效益与地缘政治有关，具体来说与朝鲜半岛局势有关。如果朝鲜半岛问题能得到妥善解决，制裁被取消，使韩国与朝鲜两国关注连通朝鲜半岛纵贯铁路建设，形成新地缘政治格局，东线及霍特—诺木日格铁路将会成为通道的主干线。因为朝鲜半岛纵贯铁路从韩国釜山始发，途经朝鲜可以通向以下 4 条铁路路线运行：①过境西伯利亚线路（从朝鲜至俄罗斯远东地区与西伯利亚大铁路主线连接）；②过境满洲里线路（中国东北、满洲里，外贝加尔斯克、博尔贾）；③过境中国线路（内蒙古、甘肃、新疆，至哈萨克斯坦）；④过境蒙古国线路，主要包括以下两条线路：一是中国东北、内蒙古自治区和乌兰巴托修建铁路连接西伯利亚大铁路，全程 11231 千米；二是罗津—图们—阿尔山—松贝尔—霍特—乔巴山—额仁查布—博尔贾，该线路连接西伯利亚大铁路。

这些线路中，过境霍特—松贝尔铁路最为便捷，霍特—松贝尔铁路线路是《建设中蒙俄经济走廊规划纲要》中涉及的“滨海 1 号”“滨海 2 号”国际交通通道的重要节点，蒙古国政府新铁路规划政策横贯铁路主干线塔温陶勒盖—赛音山达—

霍特，霍特—松贝尔铁路的建成将会成为经霍特—诺木日格线至远东港口和朝鲜罗津港最便捷的路线。铁路东线通道的建设与横贯铁路项目关系密切。国际铁路东线通道连接三国相关区域，如表 3 所示。

表3　东线通道与三国运输经济带吸引区域

	东部区域	中部区域	西部区域
俄罗斯	外贝加尔边疆区、雅库特、远东地区、外贝加尔斯克	布里亚特、伊尔库茨克、克拉斯诺亚尔斯克	阿尔泰、图瓦、克麦罗沃、哈克斯自治州、克拉斯诺亚尔斯克
蒙古国	肯特省、东方省、苏赫巴托尔省	色楞格省、达尔汗省、中央省、中戈壁省、东戈壁省、南戈壁省、布勒干省、后杭盖省、前杭盖省	扎布汗省、戈壁阿勒泰省、科布多省、巴彦乌列盖省、乌布苏省
中国	中国东北地区：辽宁、吉林、黑龙江，内蒙古自治区呼伦贝尔、兴安、锡林郭勒、赤峰、通辽等盟市旗县，锦州港、盘锦港、大连港	河北、北京、天津、陕西、河南、山西、山东、内蒙古中部地区，天津港、秦皇岛港、唐山港、黄骅港	中国西北部，新疆、青海、甘肃、宁夏以及内蒙古西部

资料来源：课题组根据相关材料统计整理。

与东线通道有关的俄罗斯外贝加尔边疆区，属东西伯利亚经济区，首府为赤塔市，面积为 431892 平方千米，人口为 1072579 人，2008 年 3 月，赤塔州与阿金斯克布里亚特自治区合并，正式成立外贝加尔边疆区，南面毗邻蒙古国和中国，国内与阿穆尔州、布里亚特共和国、伊尔库茨克州相邻，人口密度为 2.48 人 / 平方千米，城镇居民占 68.44%，人口主要居住在边疆区南部和中部一带，北部人口密度非常低。

根据俄联邦地质与矿产开发委员会统计数据，该地区银储量占俄联邦的 16%，铜占 21%，萤石占 38%。煤炭储量为 20 亿吨、褐煤储量为 23 亿吨、铁矿石储量为 6.5 亿吨，除了钨、锌储量比较大之外还有丰富的锂、钽、银、锆石、锗和铀资源。相邻的阿穆尔州和布里亚特共和国可再生能源、非再生能源储备非常丰富，是铁路运输需求比较大的地区。俄罗斯铁路发展规划中，该地区特别是赤塔市周围未来几年计划建设贝加尔—阿穆尔纵贯线铁路，这将是东线通道发展的重要组成部分。

东线通道可以缓解中线通道的负荷，经乌兰乌德市有以下 4 条出海线路：①乌兰乌德—乌兰巴托—二连浩特—天津港，总长 2663 千米；②乌兰乌德—赤塔—符拉迪沃斯托克港，总长 3257 千米；③乌兰乌德—赤塔—满洲里—哈尔滨—绥芬河—符拉迪沃斯托克港，总长 2830 千米；④乌兰乌德—赤塔—满洲里—哈尔滨—沈阳—营口港（或大连港），总长 2587（或 2801）千米。

东线通道运营后，乌兰乌德途经该通道至盘锦港或锦州港的距离约 2493 千米，与上述四条线路相比具有运输距离短、能力强等优点。

铁路东线通道除途经中国内蒙古锡林郭勒、赤峰、通辽等盟市外，还经过东北三省的黑龙江、吉林、辽宁等工业、能源、旅游、农业发展较好的地区。其中：吉林省，面积为 18.74 万平方千米，人口为 2709 万，汽车产业、冶金工业发展较好，属中国农业大省。黑龙江省，面积为 43.18 万平方千米，人口为 3830 万，属重工业基地，煤炭储量丰富，热电厂较多。辽宁省，面积为 14.9 万平方千米，人口为 4351 万。鞍山冶金工业、阜新石油工业、本溪、阜新煤炭能源工业较发达，因阜新地区煤炭资源枯竭，近几年从内蒙古和蒙古国东部煤炭运输量需求增大。毕德利理事指出，应在蒙古国霍特地区建设采煤、煤炭深加工工业园区，在阜新地区建设一个以煤炭资源为主的矿产资源物流园区即矿产资源交易平台，它们之间需要建设铁路来连接，所以双方专家需要进一步研究。

在东部区域建设铁路通道，不仅符合蒙古国的利益，也符合中俄的地区利益，需要毗邻地区积极参与支持，将此通道建设项目体现在中俄两国规划中方可成功实施。因此，需要明确每条铁路运输走廊所经过的区域，在经济一体化的条件下明确三国毗邻地域运输基础设施的效益辐射范围，对目前的合作水平进行评估，并在未来的政策方面进行积极沟通、深化合作。总体而言，为了发展铁路东线通道，亟须建设将区域矿产资源与毗邻国家地区共享的产业和物流综合体。中蒙俄三国具有区位优势和经济优势，要在次区域合作的省、市、州、边疆区开展积极合作。因蒙古国东部区经济条件薄弱，人口较少，所以蒙方更需要在此问题上积极运作，因此，深化区域经济一体化是中蒙俄三国未来合作的主要方向。

中蒙俄智库联盟理事毕德利表示，中蒙俄经济圈铁路东线通道竣工通车之时，将会形成一个以铁路为环廊的中蒙俄经济圈，该经济圈将黑龙江省哈尔滨、大庆、齐齐哈尔经济带，吉林省长春、图们江经济带，辽宁省沈阳经济区和内蒙古海拉尔—

赤塔—乔巴山这一金三角串联在一起并有机结合，进一步发挥集群倍增效应。“一带一路”倡议与蒙古国“发展之路”规划、俄罗斯“欧亚经济联盟”、“远东和贝加尔地区社会经济发展国家规划”对接，为东北亚地区的稳定发展做出贡献。对于蒙古国而言，一方面，国际东线通道建设不能只注重国内运输效益而不注重地缘政治和经济的意义，这会导致国际通道的价值降低，延误投资建设时间。另一方面，中蒙俄三国毗邻地区合作与相关研究工作不足也导致建设工期延误。

综上所述，铁路东部通道建设需要根据中蒙俄三国经济合作空间的地缘政治规划评估，需要在三国元首层面解决。

三、建设国际铁路东线通道的优劣势、机遇、困难与风险

蒙古国东部区域的区位优势、劣势、外部机遇和面临的困难与风险具体分析如下。

1. 区位优势

（1）虽然俄罗斯外贝加尔边疆区博尔贾至满洲里铁路技术标准低，但近几年博尔贾至乔巴山 212 千米的铁路连通锡林郭勒盟珠恩嘎达布其口岸与中国铁路的可能性较大。

（2）蒙古国东部区域自然资源丰富，中国东北地区资源需求量在增长。

（3）随着中蒙俄三国旅游业的发展，旅客周转量也随之增多。

蒙古国东部区域地势平缓，山丘少，地质结构适宜，有利于铁路基础设施修建，面临的困难少。草原地带人为造成的破坏少，是世界上为数不多的保存原始自然风貌的地区，对生态、经济、旅游等发展意义重大。

2. 劣势

（1）人口少、城市和人口聚集地少，虽然资源丰富，但生产加工和物流基础薄弱，需要额外的投资。

（2）博尔贾—额仁查布—乔巴山铁路运输量少，通过能力不足，为了使之成为铁路通道的一部分，需要加大维修和更新力度。

（3）该地区没有修建过铁路基础设施，需要新建等。

3. 外部机遇

（1）《建设中蒙俄经济走廊规划纲要》中的3条铁路建设项目在该区域。

（2）毗邻国家，特别是中国东北地区发展迅速，正在形成新的经济中心，因而会形成经济吸引大空间，促进毗邻地区发展运输物流基础设施。

（3）是朝鲜半岛连接欧亚通道最便捷的路线。

（4）未来几年在赛音山达、霍特站附近新建横贯线铁路，将成为连接太平洋港口的主要路线，因此通道价值也越来越重要等。

4. 面临的困难与风险

（1）因投资回报率不高，导致项目融资难。

（2）蒙古国不是欧亚经济联盟和上海合作组织成员国，与毗邻国家无法形成关税、经济同盟，导致贸易往来经常遇到阻碍。

（3）毗邻国家之间在一些具体利益问题上不能达成共识。

（4）蒙古国东部地区生态系统较薄弱，建设铁路生态要求高，成本会随之增加。

（5）因没有稳定的政策会出现撤销决定的现象，与毗邻国家缺乏合作机制。

综上所述，东部通道建设需要对区域优势和外部机遇进行详细的研究，根据各方面的条件和特点规避风险或把负面影响降至最低。我国政府和东部区域省份会积极执行并落实政策，利用好区域优势和外部机遇，共同解决面临的困难与风险。

四、国际铁路东线通道的建设现状

国际铁路东线通道包括俄罗斯博尔贾至索洛维耶夫斯克80千米，蒙古国额仁查布至毕其格图655千米，中国内蒙古自治区锡林郭勒盟珠恩嘎达布其至辽宁省锦州市870千米，铁路总长1605千米。

中国方面巴新铁路有限公司承建巴新铁路（西乌珠穆沁旗巴彦乌拉—阜新市新邱区486千米），集通铁路集团有限责任公司承建巴珠铁路（西乌珠穆沁旗巴拉嘎尔高勒镇—珠恩嘎达布其口岸270千米）。预计2020年全线贯通并开始运营。

该铁路通道从内蒙古自治区珠恩嘎达布其口岸经巴彦乌拉镇、赤峰、通辽等内蒙古自治区和辽宁省4市9个旗县，至阜新市新邱区，与国有铁路连接，抵达锦州港。目前，该段铁路是单线铁路，年货物运输量可达3500万吨，建设复线铁路并进行电气化改造后货物运输量可达9700万吨。连接国有铁路的新邱站属三等站，除了办理旅客乘坐外还可以办理整车货物发运及承运前仓储等业务。列车日通过能力为50列以上，年货物运输量可达1亿吨，可以将巴新铁路运输的货物运送至港口、东北地区，乃至全中国。

目前，锦州港功能不全，而新建的盘锦港发展潜力巨大。巴新铁路有限公司正在建设阜新市至盘锦港铁路工程，“珠恩嘎达布其—巴彦乌拉—阜新—盘锦”铁路将会呈现“一条国际铁路干线铁路连接两个口岸”的线路。沿东线通道，通过巴新铁路公司所建的铁路可以直达两个港口。

2009年3月，由辽宁春成工贸集团倡议与大唐集团、铁煤集团共同投资成立了巴新铁路有限公司，属于股份制合资企业，经营范围包括铁路建设、国内铁路客货运输、铁路器材生产等，注册资本26亿元，有631名员工，目前资产达100亿元。

结合东线通道建设，塔温陶勒盖—赛音山达—西乌尔特—霍特—诺木日格横贯线路价值也会剧增。为第一阶段即将建设的霍特—诺木日格铁路带来机遇。霍特—诺木日格铁路是蒙古国政府在铁路发展政策中所规划的一条铁路线路，可连通中国多个港口，也是到达俄罗斯符拉迪沃斯托克、纳霍德、卡瓦宁湾港口最便捷的线路，还可以到达朝鲜罗津港，是过境蒙古国连接韩国、朝鲜与欧洲腹地的线路之一。我们认为此条线路不仅可以将国内的货物运输至出海港口，还将为物流运输业发展提供巨大空间。如果方案得以实施，东线通道的价值在很多方面都将有所提高，投资收益可以大幅增加。该铁路段技术经济可行性研究由中国铁道第三勘察设计院集团有限公司完成。

霍特至中国阿尔山距离为466.8千米，阿尔山火车站有货物装载设施，阿尔山北站连接伊敏至伊尔施铁路，霍特—诺木日格铁路规划中，大中型桥梁总长18.7千米，隧道总长4.63千米，桥梁与隧道占全线的5%，该铁路在蒙古国境内有437.5千米，中国境内有9.3千米。每年可运输旅客10万人次，煤炭、石油、铁矿石和物流运输货物2000万吨，投资回收期15.38年。

第二节　在蒙古国建设国际铁路东线通道的可行性研究

蒙古国东部区域大针茅典型草原面积达45.8平方千米，其中东方省、苏赫巴托尔省、肯特省所占面积为28.62万平方千米，蒙古国大针茅典型草原，几百年间一直是蒙古国游牧民族养牲畜的牧场，也是草原动植物赖以生存的环境。干旱草原、半干旱草原、草甸草原占蒙古国东部大针茅典型草原的80%。

一、蒙古国东部三省的人文经济条件

据2015年统计，蒙古国东部区域三省人口总和为20.81万，占蒙古国人口的7.8%，人口密度为0.7人/平方千米，比全国人口密度（1.7人/平方千米）低58.8%倍，属于人口稀少地区。

2016年，蒙古国东部三省生产总值为13381亿图格里克（约37亿元人民币），占蒙古国国内生产总值的5.6%。以经济结构看，肯特省以畜牧业和种植业为主；苏赫巴托尔省以畜牧业为主，近几年矿产业所占比例也有所上升；东方省工业、种植业所占比例相对较高，畜牧业比例相对较小；乔巴山市输送高压电至西乌尔特市，是东部地区电力系统的输出地；肯特省由中部区域电力系统输电。东部三省生产总值产业结构如图1所示。

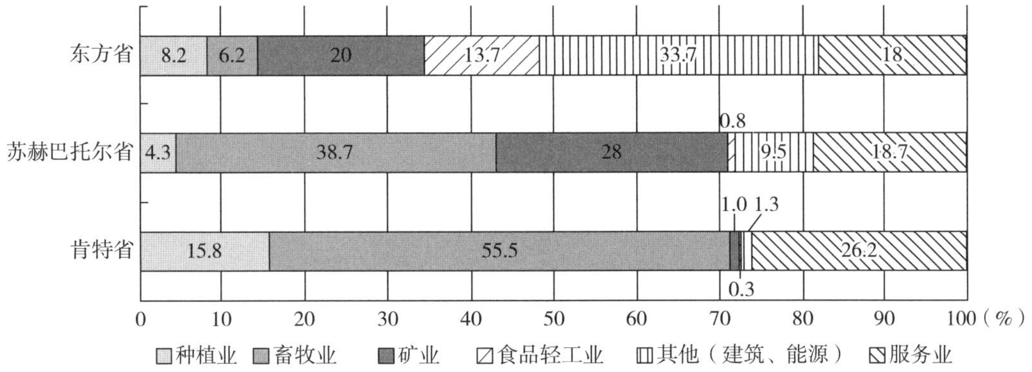

图1 东部三省生产总值产业结构

资料来源：课题组根据相关材料统计整理。

二、蒙古国东部三省的自然矿产资源

东部区域以草原为主，与中亚其他草原相比，东部区域草原是为数不多的受人为破坏较少的草原，属于大针茅典型草原，生态价值和经济价值非常高。自然综合体、自然资源丰富的地方的资源可转化为经济优势。保护区面积达 154.19 万公顷，占东方省总面积的 12.5%，区域内有“多尔诺德”“诺木日格”“蒙古达乌尔”等三个自然保护区，总面积为 870453 公顷，占全省面积的 7%，自然综合体（鄂嫩巴乐吉）33200 公顷，占全省总面积的 0.3%，自然资源区（亚赫淖尔、乌格塔姆、陶笋胡鲁斯台）面积为 638226 公顷，占全省总面积的 5.2%。生态系统中有狼、狐狸、蒙古黄羊、旱獭等多种野生动物和鹰、隼、鸨等多种禽类。

上述自然保护区很好地保存了原始自然风貌，吸引着国内外游客，为发展旅游业创造了自然条件。除了这些自然风景区之外还有很多历史文化遗迹。为纪念二战时苏联和蒙古国并肩抵抗日本侵略的历史，在东方省和苏赫巴托尔省境内建了很多纪念碑和景点。旅游业是促进国家发展的一个重要因素。赴蒙古国的游客中，36%的游客以参观自然风景和狩猎为目的，30% 为体验蒙古国传统文化和民俗，13% 是为了了解蒙古国历史，3% 为探险旅游。毗邻的中俄两国游客是蒙古国旅游市场的主力军，2016 年中国游客总数为 13.13 万人次，俄罗斯游客为 8.41 万人次。据 2016 年统计，东部区域有 29 个旅游基地，1 个家庭宾馆，76 个休闲度假村，56 个宾馆，

19 个汽车旅馆，2 个温泉疗养胜地（见表 4）。

表4　　2016年东部区域旅游设施基础情况

序号	省份	旅游基地	家庭宾馆	休闲度假村	宾馆	汽车旅馆	温泉疗养胜地
1	东方省	1	1	10	8	19	0
2	苏赫巴托尔省	9	0	2	14	0	0
3	肯特省	19	0	64	34	0	2
总数		29	1	76	56	19	2

资料来源：蒙古国国家统计局，http://www.1212.mn/Stat.aspx?LIST_ID=976_L12&type=sectorbook。

东方省境内矿产资源丰富，有 85 个矿山，探明 149 个矿点。境内有塔木察格盆地采油厂，阿敦朝伦、乌赫尔特、霍布尔、霍特、巴彦布拉格等褐煤矿，查布、乌兰、木哈尔特混合金属矿，查干朝鲁特、乌日乐敖包、陶高特荦迪、杜其等金矿。2007 年，蒙古国国家议会出台第 27 号决议决定“多尔诺德”“玛尔岱河”“固尔班布拉格”三处铀矿和苏赫巴托尔省苏赫巴托尔县“特木尔特”锌矿、铅矿为战略矿产地。东方省境内有 8 处石油开采区，其中 5 处开采区由四家公司开采，与蒙古国政府签署了收益分享合约。东方省境内目前向外颁发 68 个开采证、117 个勘探证。苏赫巴托尔省比较重视农业及其加工、矿产业、旅游业的发展，依靠交通发展物流运输的目标，已纳入 2030 年的发展规划。苏赫巴托尔省目前已颁发 68 个开采证，117 个勘探证。2016 年，出口价值 1403 亿图格里克的矿产品。苏赫巴托尔省非常注重矿产业发展，签署了国际收益分享协议，在占全省 61.6% 的面积内进行石油勘探，在占全省 10.1% 的面积内进行其他矿产品的勘探。

三、蒙古国东部三省的基础设施条件

对于发展东部区域旅游业来说，建设道路运输通道非常重要。蒙古国国立大学巴特青格勒教授的研究小组对中蒙俄三国跨境旅游进行了实地考察，他们认为在该地区发展旅游业的同时，完善交通基础设施条件乃是重中之重，需要打造旅游特色品牌、制作旅游特色纪念品和建设旅游中心，当地政府需要加大宣传力度，同时注重环保，加快基础设施建设，不断提升服务水平。

东方省与俄罗斯对应的口岸有额仁查布口岸和乌利汗口岸，与中国对应的口岸有哈毕日嘎、巴彦呼舒、松贝尔等口岸，国际航空口岸有乔巴山市航空口岸。苏赫巴托尔省境内有位于额尔敦查干县境内的毕其格图口岸，旅客通关能力为 250 人次 / 日，车辆通过能力 150 辆 / 日，根据蒙中毕其格图—珠恩嘎达布其口岸统计数据，2017 年出入境人数为 9 万人次，车辆 5.7 万辆次。毕其格图口岸未来可成为经珠恩嘎达布其至锦州港连接东北亚和欧洲的最便捷的集公路、铁路、航空于一体的物流运输交通枢纽，因此，该口岸是首批需要发展的口岸之一。乔巴山至额仁查布铁路是在 1938 年因军事运输的目的而建，此前也进行了一些检修，但没有多少改进。铁路沿线有巴彦图门、克鲁伦、哈毕日嘎、成吉思达蓝、额仁查布等 5 站。乌兰巴托铁路巴彦图门段负责该铁路的运行，分为机车、信号通信、路段维护和其他服务单位，铁路主干线总长度为 238 千米，车站道口渡线长度为 53.5 千米，弯道较多。近期将把木枕换成混凝土轨枕，其通过能力较小（日本工营株式会社专家认为通过能力为 30 万吨），车速为 40 千米 / 小时，不属于高等车站。该铁路作为连接俄罗斯铁路纵贯线之一的路线，因老化需要修复扩建，实验运输能力最高达到 150 万吨。

2012—2017 年乔巴山至额仁查布铁路的货物运输和旅客运输情况如表 5 所示。

表5　2012—2017年乔巴山至额仁查布铁路货物运输和旅客运输情况

年份	货物（万吨）	旅客（万人）
2012	6.32	1.78
2013	4.65	1.87
2014	6.11	1.87
2015	5.82	1.78
2016	7.79	1.86
2017	10.42	1.78

资料来源：蒙古国国家统计局，http://www.1212.mn/Stat.aspx?LIST_ID=976_L12&type=sectorbook。

该铁路等级较低，建设东线通道时需要扩建修复，乌兰巴托铁路股份公司和日本专家持有相同的意见，扩建修复要比建新铁路更节约成本，可以作为建设东线通道的基础加以利用。负责该段的蒙古国员工，未来可以成为国际通道蒙古国境内的铁路储备人才。

东部区域的道路属于蒙古国“千年之路”横贯线东部，乌兰巴托—纳莱赫—巴嘎淖尔区—温都尔汗—乔巴山—松贝尔线，乔巴山至松贝尔路段尚未修建，仍在计划修建纵贯线额仁查布—乔巴山—西乌尔特—毕其格图线路。

在蒙古国东部区域建设国际铁路新通道需要解决以下问题。

（1）乌兰巴托铁路股份公司是在额仁查布—乔巴山铁路新建基础设施还是在现有的基础上进行大修。

（2）东部铁路通道不能将矿山开采的矿产品直接运输至市场，因为铁路路线不可能直接选择哪个矿山而铺设铁路，因此，需要发挥车站和综合物流运输服务功能，需要在矿产地使用其他交通工具运输装载至列车。在该地区建设铁路基础物流设施，可以依靠的中心城镇较少。因此，需要对东部区域东方省、苏赫巴托尔省、肯特省，以及南部的东戈壁省人口聚集地情况进行细致的统计研究。国家和各省政府、东部区域委员会需要认真、务实对待此项工作。在制定总体规划的基础上，出台相应的吸引毗邻国家投资商的引资政策，建设该区域的口岸城市、铁路换装设施、生产和运输物流中心。

（3）东部区域新建铁路需要符合较高的环境生态保护标准。因为蒙古国东部地区大针茅典型草原，是世界上为数不多的保存原始风貌的草原，结合独特的生态特征与毗邻国家相邻区域统筹开发，在未来可以成为重要的旅游目的地。在建设铁路时，需要兼顾保护该区域的自然生态的原始风貌。

第三节　建设蒙古国国际铁路东线通道相关研究和提高效益的措施

一、关于建设蒙古国国际铁路东线通道的相关研究

为了实施该项目，铁路建设第一阶段和第二阶段共 1800 千米铁路的技术经济可

行性分析由麦肯锡公司完成，由法国巴黎银行和古根汉姆国际公司提供财务顾问服务，由盛德国际律师事务所和 MDS 协会完成法律咨询工作。

2011 年法律咨询年期间由蒙古铁路国有资产经营有限公司委托一些企业对塔温陶勒盖—赛音山达—霍特—乔巴山共 1165 千米铁路沿线进行以下野外调查。

（1）大地测量工作：由“吉奥马斯特尔”等 17 家国内企业完成了 1 ∶ 1000 比例尺的地形图绘制工作。

（2）工程地质第一阶段研究工作：由“额考吉多吉奥”等 11 家国内企业完成了 1 ∶ 50000 比例尺的水文地质图和野外调查研究工作。

（3）环境研究工作：由自然可持续发展公司等 4 家国内企业完成对该铁路的环境影响评价报告和环境与社会影响评价报告。

2013—2014 年由蒙古铁路国有资产经营有限公司委托一些单位对塔温陶勒盖—赛音山达—霍特—乔巴山共 1800 千米铁路沿线进行了以下野外调查。

（1）考古研究工作：蒙古国科学院考古研究所对铁路沿线需要保护的 10 处考古地进行了详细的考古勘探和调查工作。

（2）古生物研究工作：蒙古国科学院古生物研究中心对铁路沿线古生物研究进行了野外勘探研究工作，并制作了调研报告。

（3）2013 年 5 月 14 日，蒙古铁路国有资产经营有限公司与日本工营株式会社签署了合同，对以上野外调查相关研究完成情况进行了评审，并绘制了塔温陶勒盖—赛音山达—霍特—乔巴山铁路工程设计图。

二、国际铁路东线通道的货运量

蒙古铁路国有资产经营有限公司预测，塔温陶勒盖—赛音山达—霍特—乔巴山铁路国内运输量和蒙古国至中国方向运输量可达 560.5 万吨，中国至蒙古国方向运输量为 50 万吨（见表 6）。

表6　　塔温陶勒盖—赛音山达—霍特—乔巴山铁路估算货运量

序号	货物	运价（美元）	蒙古国至中国年货运量（万吨）	中国至蒙古国年货运量（万吨）
1	钨	0.03	10	—
2	锌		30	—
3	萤石		20	—
4	钼		1.0	—
5	铅		2.5	—
6	铀矿石		20	—
7	铁矿石		20	—
8	煤炭		247	—
9	石油	0.05	200	—
10	农牧业产品	0.02	10	—
11	食品		—	10
12	建材		—	20
13	机械设备		—	20
合计			610.5	

资料来源：蒙古国铁路国有资产有限公司相关研究成果统计整理。

根据蒙古铁路国有资产有限公司的研究，随着俄罗斯和中国贸易量的增长，目前中俄最主要的铁路口岸外贝加尔斯克—满洲里铁路口岸通过能力趋于饱和，如果该口岸的20%货物可以通过中蒙俄三国铁路东线通道运输，预计中国至俄罗斯方向可以运输120.8万吨货物，俄罗斯至中国方向可以运输327.1万吨货物。该过境运输路线运输距离少300千米，每吨运价可以便宜0.04美元（见表7至表9）。

表7　　跨境运输运行距离、成本估算（煤炭，非优惠运价）

运价对比	方向	距离（千米）	运价（美元）	运输成本（美元）
额仁查布—毕其格图（基本运价）	博尔贾—额仁查布	85	0.015	1.275
	额仁查布—毕其格图（基本运价）	630	0.03	18.9
	毕其格图—锦州	870	0.025	21.75
	合计	1585		41.925

续表

运价对比	方向	距离（千米）	运价（美元）	运输成本（美元）
额仁查布—毕其格图（过境运价）	博尔贾—额仁查布	85	0.015	1.275
	额仁查布—毕其格图（过境运价）	630	17	17
	毕其格图—锦州	870	0.025	21.75
	合计	1585		40.025
满洲里—锦州	博尔贾—满洲里	119	0.015	1.785
	满洲里—锦州	1760	0.025	44
	合计	1879		45.785

资料来源：蒙古国铁路国有资产有限公司相关研究成果统计整理。

表8　　中国至俄罗斯过境运输货物种类、运输量

序号	中国至俄罗斯	运输量（万吨）	过境运价（瑞士法郎/吨）
1	石油、焦煤	2.0	21（优惠30%）
2	黑色金属	2.8	31.6（非优惠价格）
3	非金属矿石	1.0	
4	化学产品	2.4	
5	建材	3.6	
6	种子	1.0	
7	食品	1.0	
8	易腐货物	1.0	
9	机械设备	1.2	
10	汽车、农业机械，配件	1.2	
11	其他货物、集装箱	100	
12	过境俄罗斯、中国至欧洲集装箱、其他	3.6	
合计		120.8	

资料来源：蒙古国铁路国有资产有限公司相关研究成果统计整理。

表9　　俄罗斯至中国过境运输货物种类、运输量

序号	俄罗斯至中国	运输量（万吨）	过境运价（瑞士法郎/吨）
1	木材	200	9（优惠40%）
2	石油及石油产品	1.0	21（优惠30%）
3	铁矿石	60	31.6（非优惠价格）
4	铁	10	
5	钢轨	1.0	

续表

序号	俄罗斯至中国	运输量（万吨）	过境运价（瑞士法郎/吨）
6	机械设备	0.1	31.6（非优惠价格）
7	纸浆	6.0	
8	化肥	30	
9	化学产品	1.0	
10	煤炭	3.0	
11	种子	1.0	
12	其他货物、集装箱	10	
13	过境俄罗斯、欧洲至中国集装箱、其他	3.0	
合计		327.1	

资料来源：蒙古国铁路国有资产有限公司相关研究成果统计整理。

综合上述研究，乔巴山—霍特 194 千米铁路需投入 10 亿美元资金，初步投资估算总额 20.5 亿美元，霍特—毕其格图 234.6 千米铁路建设项目预计需投入 10.5 亿美元资金。蒙古铁路国有资产经营有限公司认为上述预算是初步投资估算，在确定项目技术经济指标时可能有变动（见表 10）。

表10　中铁工程设计咨询集团有限公司和铁道第三勘察设计院集团有限公司完成的技术经济指标初步研究分析

技术指标	乔巴山—霍特	霍特—毕其格图
完成单位	中铁工程设计咨询集团有限公司	铁道第三勘察设计院集团有限公司
铁路主线长度	177千米	234.6千米（连接中国珠恩嘎达布其口岸的241.014千米）
铁路等级	2级	1级
主线数量	1条	1条
限制坡度	6%	6%
计划最高限速值、最小曲线半径值	一般1500米，极限最小半径800米	一般1500米，极限最小半径800米
牵引方式	热力机车、未来电力机车	热力机车、未来电力机车
牵引力	5000吨	5000吨
最高速度	120千米/小时	120千米/小时
到发线有效长度	1050米	1050米
闭塞系统	半自动闭塞系统	半自动闭塞系统
铁轨宽度	1520毫米（宽轨）	1435毫米（标准铁轨）

续表

技术指标	乔巴山—霍特	霍特—毕其格图
轴重	25吨	25吨
国内运输量	280万吨（煤炭、铁矿石）	830万～1050万吨（煤炭、钨、钼）
过境运输量	400万吨（煤炭、铁矿石）	480万～600万吨（煤炭、钨、钼）

资料来源：蒙古国铁路国有资产有限公司相关研究成果统计整理。

表11 蒙古铁路国有资产经营有限公司铁路大型项目施工安装阶段的基本信息

序号	铁路建设项目	主干线长度（千米）	铁路工程施工期（年）	铁轨宽度（毫米）	所连接的口岸和铁路网	货运量（百万吨）	运输的主要产品
1	塔温陶勒盖—嘎顺苏海图	240	2	1435（标准铁轨）	甘其毛都—包头	30	煤炭、焦煤、铜精粉
2	那林苏海图—西伯库伦	44	1	1435（上报国家议会）	策克—酒泉、策克—临河	21～30	半焦煤、煤炭
3	霍特—毕其格图	234	3	1435（标准铁轨）	珠恩嘎达布其—巴彦乌拉 珠恩嘎达布其—霍林河	待定	煤炭、石油、铁、锌、混合金属、有色金属矿石、萤石、中转货物
4	霍特—乔巴山	192	3	1520（宽轨）	—	待定	煤炭、铁、混合金属、有色金属矿石、萤石、中转货物
5	霍特—诺木日格	413	4	1520（宽轨）	阿尔山—白城	12～15	煤炭、石油、铁、混合金属、有色金属矿石、萤石
6	塔温陶勒盖—赛音山达—霍特	950	5	1520（宽轨）	—	塔温陶勒盖—赛音山达：22.7，赛音山达—塔温陶勒盖：13.7	焦煤、铁、有色金属矿石
7	宗巴彦—杭吉	281	3	待定	满都拉—包头	15～21	煤炭、铁、有色金属矿石、萤石、中转货物（木、石油、有色金属、黑色金属）

资料来源：蒙古国铁路国有资产有限公司相关研究成果统计整理。

三、建设国际铁路东线通道的价值

蒙古国东部区域建设途经中国和俄罗斯相关地区的铁路通道项目，是中蒙俄三国合作的新创举，需要按国际运输通道进行建设，不能只认为是蒙古国境内的铁路网，应该作为毗邻国家的辐射范围来对待，需要以政策的新趋势来建设这一铁路通道。虽然建设东部区域铁路主干线有它自己独立的价值，但不能只看到一条铁路干线的价值，应该结合相关的其他线路统筹考虑，把经济效益提升至最高。因此，在政策方面需要对连接主干线的其他线路给予同等关注。可以参考以下三种情况，来估算东部区域铁路通道的价值。

第一种情况，可以将额仁查布至毕其格图铁路线路分成毕其格图—霍特路段（234 千米）、霍特—乔巴山路段（192 千米）、乔巴山—额仁查布路段（212 千米）等三个路段，需要在第一阶段建设运营，计划于 2024 年、2025 年完工并投入使用。首先将实施毕其格图—霍特路段，完工后再实施霍特—乔巴山路段，同时对乔巴山—额仁查布路段进行扩建改造，这个顺序比较合理，因为在霍特站按规划要建换装站，霍特—乔巴山、乔巴山—额仁查布铁路轨道为宽轨，需要由具有同样基础线路建设资质的公司完成施工，乌兰巴托铁路股份公司作为施工方参与建设的可能比较大，而毕其格图—霍特路段可以吸引中国企业一起完成线路和霍特换装站建设。

第二种情况，东部区域铁路通道建成通车后，在 2 ~ 3 年之内建设松贝尔—霍特（380 千米）铁路支线。在中短期内，货物运输量会稳步增长。如发展中蒙俄三国跨境旅游可吸引大量游客。该路线铺设宽轨，于 2010 年被纳入蒙古国政府铁路发展政策规划，为了吸引中国投资和建设霍特换装站，将中国投资商参与建设作为第二种方案。

中国的内蒙古兴安盟、黑龙江、吉林、辽宁对建设松贝尔—霍特铁路线路非常感兴趣，该铁路是韩国、朝鲜连接欧洲的重要线路，也是“滨海 1 号”“滨海 2 号”线至俄罗斯远东地区港口的最便捷路线。如果朝鲜半岛问题能妥善解决，就可以利用朝鲜港口。所以松贝尔—霍特铁路未来的经济效益巨大，也会促进东部区域铁路通道的良性发展。

第三种情况，塔温陶勒盖—赛音山达铁路（450 千米）横贯线有可能在 5 年内即 2024 年前完成建设，2025—2030 年赛音山达—霍特（490 千米）有可能建成。2030 年后，东部区域铁路通道运营后 5 ~ 6 年，届时该通道运输量将会明显增加，霍特—额仁查布、霍特—松贝尔货物运输量大幅提高，投资回报率也随之大增。

以上三种情况的建设按时间进度如图 2 所示。

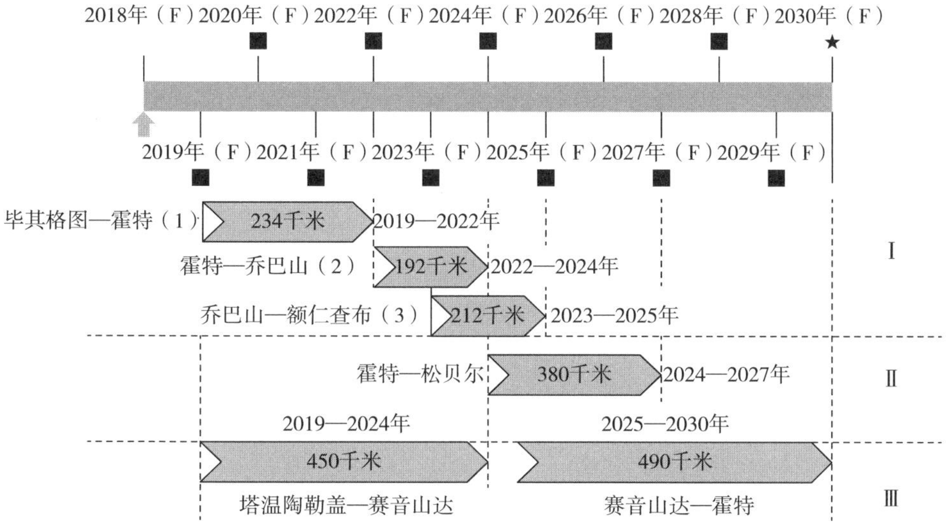

图2 东部区域铁路通道建设的时间进度表

该规划有关的投资回报率可以用财务模型来分析。因此，铁路通道建设项目不是简单的建设工程，不能等同于公路项目建设。建设铁路项目需要稳定的经济、政治发展政策和地缘政治战略，需要认真对待。

我们应将东部区域铁路通道作为国际通道看待，认真做好投资计划并对投资回报率进行分析。应结合南部横贯线铁路和从中国东北地区进入的国际铁路线路对该铁路通道主线进行财务核算，做到统筹规划、合理布局。

第七章

结论与展望

由于世界各国经济实力和国土面积的不同，道路运输行业发展速度有所不同。具体而言，截至2017年底，世界上有1370782千米铁路网，美国、俄罗斯、中国在世界铁路里程排名中位于前列，俄罗斯电气化铁路里程排世界首位，蒙古国铁路里程排世界第74位。美国、日本、中国、德国和俄罗斯在世界道路网通行能力方面（汽车数量、每千人所拥有的车辆数、道路长度、道路网密度、货运流量）处于领先地位。

蒙古国政府履行国际铁路运输和过境运输的协议与合约，为了完善法律环境、采取许多有关财经和组织措施。为了提高乌兰巴托铁路的运输能力，专家认为需要处理乌兰巴托市两端（进口、出口）和东戈壁省杭吉淖尔大坝附近的铁道坡与该段的转弯半径，需要改善和增加铁路货运运输移动设备，提高车站和道口的通过能力等。近几年，乌兰巴托铁路股份公司共投入5800亿图格里克资金对基础设施、移动设备进行了更新，建造了4个道口，施工完成后列车通过能力达14 ~ 17对，运输能力增长300万吨，区段速度提高14.9%，技术速度提高10.1%，机车每天效率提高18.0%，货运量提高1.7%。乌兰巴托铁路现有水平可以满足过境运输和国内运输需求。

首先，俄联邦“俄罗斯铁路”股份公司领导决定对“乌兰乌德—乌兰巴托—扎门乌德”铁路进行电气化改造，建设铁路复线。现阶段，俄罗斯和蒙古国还未签署相关协议，但该铁路的战略意义和价值在不断提升，该铁路进行电气化改造后，对推进中蒙俄经济走廊建设、发展过境运输和三国贸易合作都具有重要意义，而且“北京—乌兰巴托—乌兰乌德”铁路运输成本将会降低，可以提供快捷的运输服务。

涉及乌兰巴托铁路股份公司的问题成为蒙俄政府间委员会会议商讨的主要事宜，为了增加过境蒙古国物流运输周转量，两国政府极有可能对公司进行改革，调整股份比例，积极解决投资问题。

其次，二连浩特—扎门乌德口岸出口铜精矿、铁矿石、煤炭的返程空车流对运输产生负面影响。二连浩特市政府收取过境蒙古国“二连浩特—扎门乌德”口岸进出口货物总价1.5%的费用，对过境运输量产生负面影响，使乌兰巴托铁路竞争力下降，导致客户选择运输路线较之长1500千米的俄罗斯和中国的外贝加尔斯克—满洲里口岸运输。

最后，“乌兰察布—乌兰巴托—乌兰乌德”路线可以通过50%～60%的集装箱列车，剩余的40%～50%可以通过现在的“中国—莫斯科—欧洲”线路，再通过乌兰乌德集散中心运输至俄罗斯各地。建设过境蒙古国“乌兰察布—乌兰巴托—乌兰乌德”经济通道（短路线），在三个城市建立运输物流中心，开辟低成本、耗时少、线路短的运输路线。

乌兰巴托铁路股份公司《乌兰巴托铁路2030年改革方案》的宗旨是引进创新技术，降低运输成本，加强基础设施建设，利用过境运输优势更新完善铁路移动设施和货场，更新完善检修基地，为消费者提供经济实惠的服务。到2030年旅客周转量达到1亿人千米，客运列车提速1.4倍，提高各部门的经济效益，积极与其他交通领域结合。方案实施后，预计2020年铁路客运量达到275万人次，2025年达到320万人次，2030年达到350万人次。三种方案中，“最低目标”是到2030年铁路货物运输量预计达到3260万吨；“中间目标”是到2030年时铁路货物运输量预计达到5360万吨；“最高目标”是到2030年时铁路货物运输量预计达到7370万吨。根据前期预算，包括基础设施建设和购买电气化设备等铁路电气化改造项目，投资总额共18亿美元。

蒙古国政府认为，建设中蒙俄经济走廊框架内的“塔温陶勒盖—嘎顺苏海图”“塔温陶勒盖—赛音山达—霍特—乔巴山”“那林苏海图—西伯库伦”“霍特—毕其格图”“宗巴彦—杭吉”“额尔登特—敖包特”“博格达汗”等7个铁路建设项目需要投入100亿美元资金。这些项目亟须建成“塔温陶勒盖—嘎顺苏海图”铁路建设项目，2013年起该铁路项目基础设施所需资金由国家预算内资金和发展银行注资，现已完成了86.6%的土木工程和52%的建筑安装工程。

建设“塔温陶勒盖—赛音山达—霍特—乔巴山”铁路项目时要对“额仁查布—

巴彦图门”路段进行修复，“额仁查布—巴彦图门”路段基础设施老化，不能保障车站、道口安全运行。

“额尔登特—敖包特”铁路建设项目技术经济基础研究由中国中铁第一勘察设计院集团有限公司完成，该铁路建成后可从敖包特铁路年运输 1000 万吨焦煤，也可从俄罗斯乌鲁格赫姆矿年运输 4700 万吨煤炭。

“宗巴彦—杭吉”铁路项目建成后，不仅可以从蒙古国铁矿石储量为 7 亿吨的达尔汗乌拉、色楞格省区域运输矿产品，也可以从东戈壁省运输煤炭、铜矿粉、石油至中国。

随着蒙古国新国际机场的建设，“博格达汗”铁路建设项目的重要意义也随之显现，虽然建设该铁路的成本较高（1 千米 830 万美元），但可以缓解乌兰巴托铁路的负荷，国内 60% 的货物运输量可以通过该铁路完成。

蒙古国政府与联合国亚太经合组织在制定亚洲陆地公路网线路、制定统一标准等方面进行磋商，成功地选定了划入亚洲公路网的线路，亚洲开发银行提供优惠贷款和技术支持建设了 AH3 线路的 586 千米沥青混凝土路。但该路线一些区段出现了损坏、道路狭窄等致使重型车辆不能通行的情况，有必要建设一条新公路。所以需要根据成吉思汗土地发展集团制定的技术经济可行性研究报告，来确定建设 AH3 线路纵向公路项目的承建单位并解决资金问题。

蒙古国政府利用自身条件和资金已基本完成首都乌兰巴托至各省会城市的沥青混凝土公路的建设，目前，与亚洲公路网 AH32 线相关的横向 2520 千米“千年之路”工程项目还在施工建设阶段。

2017 年，“俄罗斯铁路”股份公司附属西伯利亚大铁路货物周转量占世界总量的 25%，每年可运输 5000 万吨货物，目前呈下降的趋势，铁路车站货物运输量也随之下降。东西伯利亚铁路运输的货物以石油、石油产品、煤炭、铁矿石、铜矿石、原木、木材等为主。俄罗斯伊尔库茨克州、布里亚特共和国境内货物运输的 97% 为铁路运输，其他 3% 为公路运输。

受国内外因素影响，世界上最长的西伯利亚大铁路运输量有所下降，为了提高该铁路的运输量，采取了大量的措施，对西伯利亚铁路更新改造、提升西伯利亚大铁路技术与基础设施指标、更新运输和移动设施。

2013 年起，为了提升“贝加尔—阿穆尔”“西伯利亚大铁路”的通过能力和效益，“俄罗斯铁路”股份公司对基础设施进行了改造，修建了 236 个工程。如建设了机车车辆检验站，实施了“大卢格—斯柳江卡—柳江”项目以增加东西伯利亚大铁路的通过能力，建立了东西伯利亚铁路段运输指挥调度中心，在乌兰乌德市建立了“一站式”物流服务的消费者服务中心和客户综合服务中心。

俄罗斯政府在伊尔库茨克州和布里亚特共和国新建的交通道路中侧重了公路的建设。2015 年，在伊尔库茨克州和布里亚特共和国境内修建公路 90.4 千米，其中公路总里程的 72.4% 在伊尔库茨克州境内，27.6% 在布里亚特共和国境内。伊尔库茨克州新建铁路 47.9 千米。

东西伯利亚铁路“塔利茨”物流中心有集装箱换装、卸载、分流功能，专家认为目前物流中心功能可以满足俄罗斯东西伯利亚、外贝加尔边疆区的运输、物流的需求。

虽然中蒙俄三国元首对建设经济走廊达成共识，优先实施互联互通建设，但目前蒙古国与俄罗斯中层和基层，暂时还没有设立对相关公共组织和私营组织进行专门统一管理、协调、监管的部门，因此目前还暂时停留在学术研究层面。

中蒙俄经济走廊建设可以提高运输和通过能力，依靠蒙古国运输中线通道将会降低三国运输成本。该项目三国共赢，不仅因独特的地理位置，也是三国的发展趋势和亚太地区国家基础设施互联互通发展的需求。

在中蒙俄三国新政策环境中建设铁路通道事宜，不能只依靠一个国家，需要兼顾三国政策和发展趋势与环境，因为蒙古国运输货物周转量和旅客周转量较少，另外建设该铁路的宗旨是保障过境运输。众所周知，蒙古国没有建设大型铁路项目的经验，所以需要中俄提供丰富的经验，共同建设好中蒙俄经济走廊。

中蒙俄经济走廊建设是当今世界全球化范围内促进经济和区域一体化发展的需求，是使三国经济联系更加紧密的有效措施。为了解决中蒙俄经济走廊建设框架内的运输通道遇到的困难，提出以下建议。

（1）支持互联互通，提高口岸通过能力，完善海关和检验检疫监管机制，加强企业和投资领域的合作，加强贸易合作，拓展跨境人文交流，加强环保生态领域合作。

（2）建设“乌兰乌德—乌兰巴托—扎门乌德”铁路复线，进行电气化改造，依托蒙古国煤矿，利用中蒙俄三国人力、技术建造坑口电厂，发展新电源。

（3）在蒙古国境内建设铁路运输通道的同时，中蒙俄三国合作共同建设高速公路——AH3 线项目。

（4）根据中俄蒙三国运输协议，解决蒙古国经铁路运输出口至中国的装载了矿产品的集装箱，在二连浩特口岸堵塞情况。

（5）根据中蒙俄三国运输协议，解决从中国各省、市货物运输过程中相关手续文件（运输手续文件中译俄不准确、货物的实际数量与运输手续上的数量不符）不符合标准导致在扎门乌德口岸长时间滞留事宜。

（6）“欧洲—俄罗斯—中国”铁路运输距离较长（二连浩特—布勒斯特为 8000 千米），因道路维修导致车窗和车皮有损坏现象，列车实际运行情况与火车运行图不符，且硬件较落后。需要根据国际道路运输管理规定，解决列车集装箱从中国换装至欧洲列车上时等待时间较长的问题。

（7）停止收取过境蒙古国“二连浩特—扎门乌德”口岸进出口和过境货物总价 1.5% 的费用。

（8）除了蒙古国过境运输中线通道之外，我们已对东线通道建设的重要价值进行研究，为了满足三国毗邻区域的发展需求和切身利益，国家政策的支持显得尤为重要。

由内蒙古自治区发展和改革委员会提供资金委托的研究工作已取得了很大的成果，为了进一步深入研究，阐明有待中蒙俄三国共同解决的诸多问题的依据，需要我们的专家学者继续开展合作。

参考文献

[1] 2010年6月24日通过的蒙古国国家议会第32号决议.

[2] 《蒙古国2030年稳定发展思想》，2016年2月蒙古国国家议会第19号决议.

[3] 蒙古国政府第283号决议《蒙古国法律数据库》，www.legalinfo.mn.

[4] 《俄罗斯联邦铁路至2030年运输发展战略》，http://doc.rzd.ru/doc/public/ru.

[5] 俄联邦政府2009年12月28日第2809号决议《2025年前远东和贝加尔湖地区经济社会发展战略》，http://www.garant.ru/.

[6] 蒙古国国家议会第32号决议《铁路运输国家政策》，www.legalinfo.mn.

[7] 《蒙古国与俄罗斯政府间协议》，2011年5月31日会议纪要.

[8] 道路运输部. 蒙古铁路国有资产经营有限公司通报，http://mrt.gov.mn/.

[9] 利用经蒙古国境内的铁路发展中国过境运输——中俄蒙三方磋商会议纪要，http://rtcc.mrt.gov.mn/.

[10] 2012年6月13日，蒙古国与俄罗斯股东非例行会议纪要.

[11] 2012年7月4日会议记录，2012年12月7日会议纪要.

[12] 2012年10月29日至11月2日在呼和浩特举行的蒙俄铁路边境委员会会议纪要，http://www.zamynuudds.mn/.

[13] 2013年11月莫斯科举办的俄蒙政府间委员会第17次会议纪要.

[14] 《铁路运输基本规定》.

[15] 《铁路旅客及行李包裹运输规程》.

[16] 《国际旅客联运协定》.

[17] 《MNS 4978: 2000危险货物分类，技术条件》.

[18] H.A特洛伊茨卡娅、A.B.伊茨楚博科夫.《综合运输体系》.

[19] 阿・苏和.《铁路运营组织》，2014年.

[20] 斯・丹巴达日扎.《蒙古铁路简史》，2007年.

[21] 乌兰巴托.《管理》，2005年.

[22] 亚・奥特根苏荣.《服务营销》，2011年.

[23] 亚・奥特根苏荣.《营销管理》，2010年.

[24] 其・龚森.《铁路运输经济》，乌兰巴托，2009年.

[25] 德・云登苏荣.《公共运输》，乌兰巴托.

[26] 道路运输旅游部部长2008年5月27日第88号决定，第二附件《铁路旅客及行李包裹运输规程》.

[27] 《蒙古国铁路法》，2007年.

[28] MNS6312:2012《铁路旅客运输技术条件》，2012年.

[29] 亚洲开发银行.《铁路基础设施定价，支持蒙古铁路行业私有化》.《管理体系实施方案》.乌兰巴托，2014年.

[30] 《铁路的运用》.乌兰巴托，1987年.

[31] 阿・苏和.《铁路运营组织》，2014年.

[32] 乌兰巴托铁路股份公司介绍，2017年7月.

[33] 蒙古国特兰斯里德尔有限公司，政府旧执行局铁路局局长2012年8月16日第122号决定.

[34] 美国麦肯锡公司为“蒙古国铁路”国有资产经营有限公司制作的技术经济指标《“达兰扎德嘎德—赛音山达—霍特—乔巴山—额仁查布”1800千米铁路地质，大地测量和环境评估报告》.

[35] 韩国国际合作机构（KOICA）KO T I研究小组与蒙古国外交部制作的《2013年蒙古国外年蒙古铁路基础设施整体规划》.

[36] 蒙古国道路运输部与俄联邦“俄罗斯铁路”股份公司2014年9月签署的《乌兰巴托铁路改革、发展战略伙伴协议》.

[37] 《蒙古国南部地区基础设施、支持矿产业发展的道路基础设施情况》，世界银行研究报告.

[38] 《蒙古人为了铁路所走过的艰辛路》，http://www.ubtz.mn/.

[39] 《历史未揭开》，http://zamynuudds.mn/index.php/introduction/histo.

[40] 《蒙古国铁路法》，2017年.

[41] 路・德尔嘎切夫.《中国地缘政治特点背景下的“华夏文明”》分析公告，2012（2）.

[42] 李哲勇. 激活国际跨韩国桥的潜力. 对外经济关系，2008年.

[43] 《蒙古国南部地区基础设施、支持矿产业发展的道路基础设施情况》，世界银行研究报告.

[44] 《东西伯利亚铁路基础设施项目，东西伯利亚铁路2016年工作报告》，伊尔库茨克市，2017年.

[45] 《俄罗斯铁路股份公司东西伯利亚铁路分公司2010路股份公司东年度报告》.

[46] 《伊尔库茨克州和布里亚特共和国铁路通道的状况》. 学术论文，В.И.萨马鲁哈编辑，伊尔库茨克市：2017年.

[47] 特・道尔吉，巴・达瓦苏荣.《蒙古国铁路运输中心基础设施现状、机遇、面临的问题》. 交通运输部与科学院联合学术报告，2017年12月17日.

[48] 《蒙古国中线运输通道在发展三国经济走廊中的作用》.中蒙俄智库联盟第三届国际论坛，2017年9月17~22日.

[49] 毕德利.《推进中蒙俄经济走廊东线铁路通道建设，共建中蒙俄经济圈》，2018年1月22日“蒙古国铁路”国有资产经营有限公司组办的国际磋商会议.

[50] 特・道尔吉，巴・达瓦苏荣.《中蒙俄经济走廊建设框架内实施东线铁路通道的机遇与挑战》，2018年1月22日“蒙古国铁路”国有资产经营有限公司组办的国际磋商会议.

[51] 《在调整预算中被保留下来的俄罗斯铁路项目》. 汽笛报，2009年3月23日.

[52] 《俄罗斯铁路股份公司东西伯利亚铁路分公司塔利茨编组站2017年度报告》.

[53] 《关于俄罗斯联邦铁路运输事宜》，俄罗斯联邦宪法第17款（2003年5月19日生效）.

[54] 俄联邦国家统计局布里亚特共和国分局统计数据.

[55] 俄联邦国家统计局伊尔库茨克州分局统计数据.

[56] 伊尔库茨克州住房政策、能源和运输部统计数据.

[57] 俄罗斯联邦国家统计委员会的统计数据.

[58] 信息门户网站，.http://asiarussia.ru/.

[59] http://www.zamynuudds.mn/.

[60] http://rtcc.mrt.gov.mn/.

附　件

附件 1　蒙古国铁路货物运输量

单位：百万吨

年份	总货运量	货运方式					
		国内运输	进口	出口	过境运输	其中	
						俄罗斯—中国	中国—俄罗斯
1990	14.38	8.5	2.2	2.7	0.98	0.57	0.41
1995	7.32	5.46	0.86	0.86	0.14	0.13	0.01
2000	9.16	5.95	0.93	0.77	1.51	1.45	0.06
2001	10.15	6.27	0.88	0.84	2.16	2.14	0.02
2002	11.61	6.65	1.05	0.84	3.07	2.98	0.09
2003	12.28	6.59	1.08	0.97	3.64	3.45	0.19
2004	14.04	6.87	1.23	1.12	4.82	4.64	0.18
2005	15.55	7.56	1.15	1.46	5.38	5.02	0.36
2006	14.77	7.34	1.16	1.81	4.46	4.0	0.46
2007	14.06	7.51	1.31	1.77	3.47	2.94	0.53
2008	14.62	8.01	1.72	2.56	2.33	1.96	0.37
2009	14.15	7.65	1.26	2.95	2.29	1.95	0.34
2010	16.78	8.3	1.54	4.63	2.31	1.79	0.52
2011	18.42	8.57	2.01	5.96	1.88	1.57	0.31
2012	20.42	9.88	2.44	6.57	1.53	1.34	0.19
2013	21.02	10.72	2.48	6.06	1.75	1.53	0.22
2014	21.1	10.57	2.28	6.19	2.06	1.73	0.33
2015	16.83	7.34	1.17	6.0	2.32	2.13	0.19

资料来源：蒙古国道路运输发展部，https://mrtd.gov.mn/online-services。

附件 2 俄罗斯经蒙古国境内向中国集装箱过境运输情况

单位：千吨

序号	货品名称	2004年	2005年	2006年	2007年	2008年	2009年	2010年	2011年	2012年	2013年	2014年
1	渣油						39			59.5		
2	石油产品		2554			655.2						
3	石油	2609973	2555680	1359847	58108.5							
4	润滑剂	65698	56736.8	80348.5	112836	100625	226598	184889	134554	106472	108023	112124
5	矿物油			561.5	888.3			13631.4	96501.8	155850	209464	236598
6	建筑材料					176.1						
7	皮、革、绒毛								64.1			
8	食品		21.8			22.5	2079.2				2538.5	99.3
9	松子						120	119.6		65		
10	木材	1767306	2184418	2332383	2551917	1663841	1522125	1399788	1176830	840730	967386	998305
11	原木						285					
12	铁矿石		2503.5	1608	1621	13185.5	25956.2					
13	铜精矿					6018	12156	5656.9		9809	5536.4	
14	有色金属			62								
15	化学产品	74861.1	147415	162432	179345	136428	108040	161194	150593	215946	237513	388103

续表

序号	货品名称	2004年	2005年	2006年	2007年	2008年	2009年	2010年	2011年	2012年	2013年	2014年
16	肥料	64886.9	7878		249.5							
17	黑色金属	14980.2	27969.6	32287.6		8		41.1				532.3
18	废铁						63					
19	钢轨				24315.4	28703.2	36768.8	15150.9	9888	17558.7		22.4
20	其他	50826.9	42577.5	32927.7	12074.7	10482.6	24408.4	16523.7	1655.3	2649.2		20.3
21	配件		73.9	630.2	72.1	334.5	716.3					
22	钼精矿				3309.9							
	合计	4648532.1	5027828.1	4003087.5	2944737.4	1960479.6	1959354.9	1796994.6	1570086.2	1349139.4	1530460.9	1735804.3

资料来源：2015年交通运输部铁路、海上运输政策实施局报告。

附件3　中国经蒙古国向俄罗斯运输集装箱过境运输情况

单位：千吨

序号	货品名称	2004年	2005年	2006年	2007年	2008年	2009年	2010年	2011年	2012年	2013年	2014年
1	油渣	2745.1	59050.4	75407.3	85302.5	67607	87962.8	130304	50697.4	44264.5	74529.4	17552.4
2	石油产品											

续表

序号	货品名称	2004年	2005年	2006年	2007年	2008年	2009年	2010年	2011年	2012年	2013年	2014年
3	建筑材料		1809.3	10327	21052.5	14185.2	11101.1	15804.9	18575.4	13007	15526.6	49855.3
4	水泥				1432.8	7624.8					128.3	60.1
5	陶粒					58.6						
6	皮、革、羊毛										12.5	20.5
7	萤石矿							743	698.3	607	139.8	93.4
8	焦煤	137611	217567	147685	172031	63928.7	29618.1	109329	49064.7	581.3	15297.4	17158.2
9	粮食											
10	食品	120	85.2	59.4	349.04	348.8	693.2					264
11	松子			1109.6	1086.9	20.2						
12	茶			59.6	22.7	53.8		57.7				
13	木材					662	1001.2	714.4	1699.7	2399.3	3639.2	12216.7
14	有色金属		58.8					57.1	58.4		44.6	125
15	化学品	8305.6	10024.8	20141.7	25949.3	20753.1	12110.7	27020.4	11236.5	7026.5	18034.6	64182
16	肥料	61.1		5656.8						60	58.3	
17	金属		1848.1	10937.1	23032.4	1710	6221.8	7184.1	8554.5	6383.7	23228.7	39794
18	其他	6318.7	38749	97023.4	91938.6	32264.9	39105.9	129899	42492	4384	3373.4	5888.1
19	设备	20892	30811.9	97309.9	106316	168215	149466	96503.8	135876	106367	70516.3	118125
20	橡胶、轮胎										1783	598.5
21	饲料			67.2	22.3							3328.1
22	棉花											79.9
	合计	176053.5	360004.5	465784	528536.04	377472.1	337280.8	517617.4	318953.2	185080.3	226312.1	329341.2

资料来源：2015年交通运输部铁路、海上运输政策实施局报告。

附件 4　乌兰巴托铁路股份公司目标

序号	指标	单位	目前水平	目标水平		
			2015年	2020年	2025年	2030年
1	载货量	百万吨	14.87	19.13	24.98	39.18
2	货物运输量	百万吨	19.15	26.02	33.94	53.6
3	货物周转量	亿吨千米	114.6	174.3	218.1	337.2
4	货运列车运行速度	千米/小时	45.63	47.4	51.57	55.74
5	货运列车技术速度	千米/小时	52.46	53.8	56.72	59.62
6	交货平均速度	千米/天	265	335	498	649
7	货运列车运行时间	天	2.95	2.4	1.7	1.35
8	货运列车平均重量	吨	3406	3679	4073	4467
9	旅客运输量	百万人	2.79	2.75	3.19	3.5
10	旅客周转量	亿人千米	9.97	9.91	11.54	12.63
11	客运列车运行速度	千米/小时	64.1	68	75	90
12	铁路大修	千米	14.5	336	293	41
13	铁路电力牵引的平均单位消耗	公斤/10000吨/千米毛重	31.29	31.2	31.17	31.08
14	安全运营水平	百万车千米事故率（%）	16.99	12	10	8
15	利润率	%	100	61.1	132.4	377.7
16	运输盈利能力	%	1.61	4.5	5	21.41
17	运输成本（不计损耗，按照2015年价格）	%	100	−8.8	−2.2	−0.8
18	投资额	百万美元	22.37	772.65	2193.06	546.27
19	运输劳动生产率	%	100	40.5	62.8	139.7

资料来源：乌兰巴托铁路股份公司。

附件 5 截至 2022 年铁路货物运输量

单位：千吨

货物名称	2014年	2015年	2016年	2017年	2018年	2019年	2020年	2021（F）	2022（F）
		国内生产总值2.1%	国内生产总值0.8%	国内生产总值2.5%	国内生产总值6.2%	国内生产总值7.0%	国内生产总值7.0%	国内生产总值8.0%	国内生产总值8.0%
国内煤炭	599.61	615.72	627.37	638.80	650.08	661.57	673.12	684.60	696.15
铜精粉	564.4	535.0	526.2	516.9	507.2	498.1	489.1	479.9	470.9
石油	142.7	171.4	184.8	194.5	201.8	212.7	224.5	235.1	246.9
石油产品	131.68	128.24	135.36	144.11	153.97	162.23	170.06	178.44	186.26
原木	120.5	120.5	120.5	120.5	120.5	120.5	120.5	120.5	120.5
木材	9.6	8.5	7.7	6.9	6.3	5.5	4.7	3.9	3.1
建材	188.87	181.06	188.03	199.16	213.06	222.94	231.72	241.88	250.65
面包	153.5	164.4	175.6	189.1	204.2	217.0	229.2	242.2	254.5
食品	66.6	66.6	66.6	66.6	66.6	66.6	66.6	66.6	66.6
易腐货物	110.3	110.3	110.3	110.3	110.3	110.3	110.3	110.3	110.3
皮革、羊绒	37.4	37.4	37.4	37.4	37.4	37.4	37.4	37.4	37.4
动物	1.3	1.3	1.3	1.3	1.3	1.3	1.3	1.3	1.3

续表

货物名称	2014年	2015年	2016年	2017年	2018年	2019年	2020年	2021（F）	2022（F）
		国内生产总值2.1%	国内生产总值0.8%	国内生产总值2.5%	国内生产总值6.2%	国内生产总值7.0%	国内生产总值7.0%	国内生产总值8.0%	国内生产总值8.0%
萤石	637.7	641.1	662.8	693.9	731.2	759.5	785.2	814.1	839.9
铁矿石	589.84	673.53	748.71	845.02	955.41	1045.38	1129.71	1221.09	1305.42
锌精粉	116.7	116.7	116.7	116.7	116.7	116.7	116.7	116.7	116.7
化学物品	3.5	3.4	3.6	4.0	4.5	4.8	5.1	5.5	5.7
黑色金属	218.6	218.6	218.6	218.6	218.6	218.6	218.6	218.6	218.6
集装箱	181.34	174.02	183.45	198.73	217.89	231.41	243.37	257.28	269.24
过境货物	160.0	190.0	250.0	200.0	200.0	200.0	200.0	200.0	200.0
其他货物	464.4	474.9	502.2	524.6	543.7	567.6	592.8	616.4	641.6
总量小计	21160.6	22295.8	24063.5	25059.5	26774.4	28171.9	29481.8	30901.4	32211.2
乌哈呼达格—嘎顺苏海图铁路						5000.0	8000.0	8000.0	10000.0
额尔登特—敖包特铁路							2000.0	4000.0	6000.0
总量小计	—	—	—	—	—	5000.0	10000.0	12000.0	16000.0
货物总量合计	21160.6	22295.83	24063.49	25059.52	26774.45	33171.9	39481.8	42901.4	48211.2

资料来源：课题组根据相关材料统计整理。

附件 6 扎门乌德口岸过货总量

序号	名称	公路口岸		铁路口岸		总计	
		重量（千克）	价格（美元）	重量（千克）	价格（美元）	重量（千克）	价格（美元）
1	活牲畜、动物及动物产品	4843959.40	7683145.51	3441771	5505825.05	8285730.40	13188970.56
2	植物产品	2741266.94	18136070.09	65200721.24	43075690	67941988.18	61211760.09
3	动植物油脂	85170	118014.52	691046.28	598642.49	776216.28	716657.01
4	食品	839855.97	2154192.83	21970858.04	7581901.35	22810714.02	9736094.18
5	矿产品	417837.48	1104692.60	6549231401	996261559.50	6549649238.48	997366252.10
6	化学及其相关产品	193443.28	298012.04	543613.16	1204555.13	737056.44	1502567.17
7	塑料制品、橡胶制品	6693327.11	7083571.06	67381.80	429596.14	6760708.91	7513167.20
8	皮毛、皮革和加工过的皮革、皮毛及产品	10717677.26	28584919.51	1085700.35	2919717.58	11803377.61	31504637.09
9	木、木制品	1117.10	7656.59	789139	255782.01	790256.10	263438.60
10	纸、纸板及纸制品	38183.03	803751.44	4160.39	17624.21	42343.42	821375.65
11	纺织材料和纺织品	6258627.34	73362181.88	13699207.26	123930409.20	19957834.60	197292591.08
12	鞋、帽子等物品	10871.47	207250.27	258500.83	662454.64	269372.30	869704.91

续表

序号	名称	公路口岸		铁路口岸		总计	
		重量（千克）	价格（美元）	重量（千克）	价格（美元）	重量（千克）	价格（美元）
13	石头、石膏、石棉、云母及类似材料制的成品	3444725.60	317155.08	7883.52	56649.08	3452609.12	373804.16
14	珍珠，宝石和半宝石，贵金属、珠宝和硬币	355.88	93325.63	4071.36	2121212.85	4427.24	2214538.48
15	基本金属及其产品	2331653.39	6379368.46	18036923.08	79629983.88	20368576.47	86009352.34
16	机械、设备、零件电器及配件	3929208.85	41595594.45	685053.81	11187972.02	4614262.66	52783566.47
17	公路、航空和水上交通工具配件	2252073.56	33933863.78	395268.89	3946581.99	2647342.45	37880445.77
18	照片、测量、监控、医疗设备、手表和乐器及配件	7409.51	492977.84	3015.85	188817.01	10425.36	681794.85
19	武器、枪支及其零件和设备	10	203.83	—	—	10	203.83
20	各种工业产品	68662.67	157905.93	243189.52	1717694.60	311852.19	1875600.53
21	工艺品、收藏品和古代珍品	2584.86	33076.23	211.70	2581	2796.56	35657.23
总计		44878020.70	222546929.60	6656983500	1281295250	826552138.79	1503869179

资料来源：蒙古国统计年鉴。

附件 7　东西伯利亚铁路货物运输量和旅客运输量

指标	单位	2005年	2006年	2007年	2008年	2009年	2010年	2011年	2012年	2013年	2014年	2015年	2016年
载货	千吨	75934	77291	75099	75905	66839	73058	71530	72335	71572	68511	64119	63462
基本货物	千吨	64651	65805	63691	64345	57985	62745	60385	60705	60894	58236	54718	53970
其中: 煤炭	千吨	16929	17223	16725	20206	16757	20034	24021	25933	26344	25011	25134	25849
原木和木材	千吨	11743	12384	13314	10197	9526	9381	10732	9086	9139	10245	10441	10746
石油	千吨	24161	22880	20225	20700	20008	21670	12988	13601	13596	12959	10119	9082
铁矿石	千吨	9495	10879	11050	11093	10001	9922	10819	10360	10346	8629	7662	6956
旅客运输量	千人	31063	33288	32923	33254	25552	22195	20287	19311	16568	15174	13846	14026
长途旅客运输量	千人	4838	4948	4342	4213	3617	3402	3315	3272	2992	2697	2505	2636
城际旅客运输量	千人	26225	28340	28581	29041	21935	18793	16972	16039	13576	12477	11341	11390

资料来源：课题组根据相关材料统计整理。

附件 8 东西伯利亚铁路在伊尔库茨克州境内的货物运输量和旅客运输量

指标	单位	2005年	2006年	2007年	2008年	2009年	2010年	2011年	2012年	2013年	2014年	2015年	2016年
载货	千吨	67754	68383	66207	66841	59280	64564	58915	58775	56951	52854	49791	48111
基本货物	千吨	58293	58635	56534	57193	51740	55614	49492	48827	47661	43633	41325	39571
其中:煤炭	千吨	12333	11934	15213	14613	11789	13748	14577	15148	14175	11519	12857	12780
原木和木材	千吨	10423	10980	11791	10113	8661	8677	9822	8443	8496	9519	9631	9708
石油	千吨	24151	22865	20203	20693	20002	21726	12954	13597	13592	12954	10114	9074
铁矿石	千吨	9495	10878	11049	11092	10001	9922	10819	10360	10346	8629	7662	6956
旅客运输量	千人	26565	27959	28373	28661	22348	19718	17974	17222	14865	14116	12932	12948
长途旅客运输量	千人	2963	3099	2982	2947	2492	2492	2402	2383	2184	1929	1761	1828
城际旅客运输量	千人	23602	24860	25391	25714	19856	17226	15572	14839	12681	12187	11171	11120

资料来源：课题组根据相关材料统计整理。

后 记

自2016年6月在上海合作组织塔什干峰会上，中蒙俄三国元首见证签署《建设中蒙俄经济走廊规划纲要》以来，三国开启了国家间相互协作的新阶段。为落实《建设中蒙俄经济走廊规划纲要》中各项目尽快取得实质性进展，内蒙古自治区发展研究中心联合蒙古国和俄罗斯科研机构开展国际横向课题，进行专题研究，即中蒙俄经济走廊框架内交通基础设施联通研究课题。内蒙古自治区发展研究中心主任杨臣华担任课题总负责人，内蒙古自治区中俄蒙合作研究院院长刘兴波、原院长单平担任执行负责人，内蒙古自治区中俄蒙合作研究院乌日丽格博士、蒙古国额尔德穆大学副校长巴·达瓦苏荣担任协调人和联系人，组织国内外专家进行研究。

此书为课题组的最终成果。各部分分工如下：第一、第二、第三章由中方课题组执笔，第四、第五、第六章由蒙方课题组执笔，第七章由俄方课题组执笔。内蒙古自治区中俄蒙合作研究院乌日丽格、汪士钦、李洋，内蒙古自治区广播电视台毛永芝，内蒙古农业大学王志军承担了该课题的蒙中、俄中翻译工作。乌日丽格、毛艳丽负责研究报告的统稿和编辑工作。

中国社会科学院俄罗斯中亚东欧研究所所长孙壮志教授、内蒙古大学蒙古国研究中心娜琳教授、内蒙古社会科学院副院长包思勤研究员、内蒙古社会科学院于光军研究员、内蒙古财经大学金融学院杨瑞成教授、内蒙古财经大学许海清教授、内蒙古自治区党委宣传部原副部长张太平、内蒙古自治区文化和旅游厅旅游合作处原处长张燕茹、内蒙古自治区发展和改革委员会社会发展处徐大海、内蒙古自治区区域合作局崔波、二连浩特市人民政府副市长乌拉、呼伦贝尔市发展改革委主任寇子明、呼伦贝尔市发展改革委副主任关继峰等专家学者和长期从事对外开放工作的同志们对课题提出了宝贵意见，为课题完成提出了建设性建议。此外，在课题研究过程中，我们得到相关政府部门、高校、地方政府的大力支持。在此，我们向以上所有人员和相关单位表示诚挚的谢意。

课题组

2020年4月